Charlotte Pastiche
Interpretation und Analyse
Lektüreschlüssel

Ludwig Harig

Weh dem, der aus der Reihe tanzt

Bibliografische Information der Deutschen Nationalbibliothek.
Die Deutsche Nationalbibliothek verzeichnet diese Publikation in der
Deutschen Nationalbibliografie; detaillierte bibliografische Daten sind
im Internet über http://dnb.d-nb.de abrufbar.

Zitate auch in alter Rechtschreibung.

Umschlagbild:
https://de.wikipedia.org/wiki/Deutsches_Jungvolk#/media/Datei:Bund
esarchiv_Bild_133-151,_Worms,_Fanfarenkorps_des_Jungvolkes.jpg

© 2020Pastiche, Charlotte
Herstellung und Verlag: BoD – Books on Demand, Norderstedt
ISBN: 9783752602401

Für Paul Thome

(geb. 24.05.1914 in Selbach - gefallen 16.12.1943 in der Ukraine)

Inhaltsverzeichnis

Vorwort

Ludwig Harigs Werk ist untrennbar mit dem Saarland, seiner Kultur und den Menschen, verbunden. Die enge Bindung des Schriftstellers an seine Heimatstadt Sulzbach ist auch in diesem Werk zu erkennen.

In drei biographischen Romanen zeichnete er sein Leben und das seines Vaters nach. *Weh dem, der aus der Reihe tanzt*[1] behandelt seine Kindheit und die Zeit des Nationalsozialismus bis zum Kriegsende.

Die autobiographische Trilogie unterscheidet sich vordergründig von den Erzähltexten früherer Jahre durch ihren autobiographischen Kern, der hier in Romanform gestaltet wird. Erzählt wird darin die Geschichte des 20. Jahrhunderts und zwar als Alltagsgeschichte, die anhand biographischer Stationen von Harigs Vater und aufgrund von Harigs Kindheit in der Zeit des Nationalsozialismus sowie anhand der Nachkriegsentwicklung rekonstruiert wird.[2]

Zwar haben die Romane einen hohen biographischen Anteil, aber sie sagen nicht aus, dass alles selbst so erlebt wurde. Es handelt sich nicht um Biographien in chronologischer Ordnung, sondern es werden die Brüche und Widersprüche von Personen bedingt durch das Zeitgeschehen geschildert. Dies geschieht in erzählter Form, worunter Harig die literarische Gestaltung von Erinnerungsfragmenten versteht.

Erinnerung und spielerische Gestaltung finden zueinander und es kommt etwas Neues heraus: eine andere Sicht auf die Dinge, die authentisch wirkt.

Das Werk ist Lektüre in der Oberstufe der saarländischen Schulen (bis 2021). Seine Relevanz erklärt sich durch das interessante Thema der Verführbarkeit und Verstrickung, aber auch durch seinen regionalen Bezug.

---

1   Ludwig Harig: Weh dem, der aus der Reihe tanzt. Kommentierte Ausgabe mit Dokumenten und Fotografien herausgegeben von Werner Jung. München 2017. Im Folgenden als W abgekürzt.

2   Vgl. Werner Jung: Erinnerung, Ordnung, Spiel, S. 168-169, in: Sprache fürs Leben, Wörter gegen den Tod. Ein Buch über Ludwig Harig. Hrsg. Von Benno Rech. Blieskastel 1997, S. 164-181.

1. Inhaltsangabe und Interpretation
Inhaltsangabe

Vorwort im Roman

Das Vorwort besteht aus dem Zitat einer Rede, die Adolf Hitler am 2. Dezember 1938 in Reichenberg vor Mitgliedern der Hitlerjugend gehalten hat.

Darin geht Hitler auf die Erziehung der deutschen Jugend in den verschiedenen Organisationen der Partei ein. Vom Jungvolk kommen die Jungen in die Hitlerjugend, in die Arbeitsfront, in SA, SS oder NSKK. Dies alles um Klassenbewusstsein und Standesdünkel zu überwinden. Am Schluss steht die Wehrmacht.

Kapitel 1
Weh dem, der aus der Reihe tanzt

Der Erzähler denkt an den kleinen René zurück, mit dem er zusammen die Schule in Sulzbach besuchte. Das Schulgebäude zeigt äußerlich eine strenge Anordnung.

Der Junge, der René heißt, steht einsam und verloren vor dem Schulgebäude unter den anderen Jungen. Er uriniert in die Hose. Niemand will etwas mit ihm zu tun haben. Der Junge ist anders, allein schon wegen seinem Namen. Er wird in einem schwarzen Renault zur Schule gebracht und ist fein gekleidet. Nun, wenn er zurück denkt, plagt den Erzähler das schlechte Gewissen. Er träumt von einem Vogel, der von jungen Füchsen umstellt ist.

In der Schule sprechen die Jungen im Chor vor, nur René tanzt aus der Reihe.

Das Jahr 1933 beginnt und der kleine Ludwig erfährt, dass es nun einen Führer im Deutschen Reich gäbe. Eine Woche nach der Saarabstimmung 1935 verschwindet René und wird nie mehr gesehen. Der Erzähler betreibt 55 Jahre später Nachforschungen über seinen Verbleib, aber eine Spur ist schwer zu finden. Die Erinnerung trügt.

Kapitel 2
Es war einmal ein weißes Pferd

1933 besucht die Familie des Erzählers Laufersweiler im Hunsrück, wo
der Großvater geboren wurde. Der Erzähler wiederholt die Reise in den
Hunsrück viele Jahre später, aber niemand lebt mehr dort. Er erinnert
sich an eine glückliche Kindheit in dem Bauernhaus der Familie in
Laufersweiler. Dort sehen er und sein Bruder ein weißes Pferd, das ihn
auch heute noch in seinen Träumen begleitet. Er begegnet dem Pferd
wieder, als es Kohlen durch Sulzbach zieht. Später muss das Kind die
Schlachtung des Pferdes miterleben.

Kapitel 3
Nix wie hemm

Dem Jungen fällt auf, dass nun viele Männer uniformiert sind und
militärisch grüßen. Er stellt fest, dass es offenbar zwei Gruppierungen
von Männern gibt: Die einen haben die Hand beim Gruß geöffnet, die
anderen haben sie zur Faust geballt. Ein besonderes Feindbild des
Großvaters ist Max Braun, der Vorsitzende der SPD. Dem Jungen werden
dagegen als positives Beispiel die Erlebnisse von Chinesenheinrich im
Boxeraufstand erzählt. Nach Vaters und Großvaters Ansicht ist ein
Demokrat dagegen etwas Verworfenes. Der Großvater sorgt sich, weil
das Saargebiet vom Reich abgetrennt ist. Er hat eine Aversion gegen
alles Französische. Der Erzähler fragt sich, ob er als Siebenjähriger dies
alles begreifen konnte.

Kapitel 4
Unsere Fahne flattert uns voran

Der Großvater leidet darunter, dass der 1. Weltkrieg verloren ging und
bemüht dazu die Dolchstoßlegende. Er verfügt über ein großes Arsenal
an Reichsflaggen und Hakenkreuzfahnen. Am 1. März 1935 hisst er die
Flaggen des 3. Reiches. Das Saargebiet wird wieder dem Deutschen Reich
angegliedert. Am Tag der Rückgliederung trägt Harig bereits ein
Braunhemd, was ihn von den meisten Mitschülern unterscheidet. Der

Protagonist erwähnt, wie sehr ihn der Film *Hitlerjunge Quex* beeinflusst hat, der zeigt, wie ordentlich und diszipliniert die Hitlerjugend ist.

Kapitel 5
Wer nicht arbeitet, der soll auch nicht essen

Der Junge knetet Tiere, die sein Vater unter Nützlichkeitsaspekten beurteilt. Die Farbe Blau spielt für das Kind eine wichtige Rolle, als Farbe der Soldaten, als Farbe aus der Sulzbacher Blaufabrik. Das Preußischblau erscheint dem Jungen als Zeichen des Konservatismus. Der Großvater zeigt sich als Anhänger des Nationalsozialismus. Seine Sparsamkeit hat er aus dem Hunsrück mitgebracht. Im Jahr 1938 zieht die Familie um und die Großeltern bleiben im alten Haus.
Der Junge träumt von Leni Riefenstahls Olympiafilm und er entdeckt seine Zuneigung für eine Katze.

Kapitel 6
Siehst du im Osten das Morgenrot

Der Junge ist im Jahr 1939 Teil des Jungvolks und nimmt an einem Lager teil. Dort sehnen sich die Jungen bereits nach dem Tragen der Wehrmachtsuniform. Der Sommer ist geprägt durch Indianerspiele. Beim Spielen trifft man auf Soldaten der Heeresgruppe West, die sie freundlich begrüßen.
Der Vater bekommt einen Einberufungsbefehl und muss nun erneut an einem Krieg teilnehmen. Der Krieg bricht aus und die Mutter beginnt zu weinen. Der Autor besucht lange nach dem Krieg den Triebenberg, wo 1945 65 junge Männer im Kampf gegen die Amerikaner gefallen sind.

Kapitel 7
Seines Glaubens leben

Der Junge erlebt die Beeinflussung durch den Pfarrer Steinbach, der zu den *Deutschen Christen* gehört. Er redet von Blut- und Schicksalsgemeinschaft. Der Junge geht in der Uniform der HJ zur

Konfirmation. Er weiß nicht mehr, was im Gesangbuch und was im Jungvolkliederbuch steht. Am 6. April 1941 überschreiten deutsche Truppen die Grenze zu Jugoslawien. Für den Jungen ist es der Hlg. Georg, der dort gegen die Feinde kämpft.

Kapitel 8
Ein Pawlowscher Hund

1941 beginnt Harig seine Ausbildung in der Lehrerbildungsanstalt in Idstein. Der älteste der Lehrer, Opa Krempel, zeigt sich als Altnazi und Witzfigur. Ein Lehrer, Toni Piroth, wird eingezogen und fällt in Griechenland. Der Junge ist zum ersten Mal verliebt.
Eines Tages im Herbst ist die Rede von Stalingrad. Die Schüler hören vom Überlebenskampf der 6. Armee. Die Jungen hören die Durchhalteparolen von Göring und Goebbels.
Der Erzähler erwähnt Tagebucheinträge von Willi Graf, der Mitglied der Weißen Rose ist. In Idstein erfährt Harig, dass die Geisteskranken die armseligsten Schädlinge des Reiches seien. Im Kalmenhof in Idstein kommen immer neue Transporte von Kranken an. Es geht das Gerücht, dass sie in Hadamar mit Spritzen getötet werden. Der Erzähler beobachtet einen der Abtransporte nach Hadamar.
Später reist der Erzähler wieder nach Idstein und besucht die Orte des Verbrechens.
Dabei steigt Reue in ihm auf, damals nichts infrage gestellt zu haben.

Kapitel 9
Juda verrecke

Der Erzähler erinnert sich, dass er als Junge das jüdische Geschäft Levy besuchte. Dort fühlt er sich wohl. Später, als Hitlerjunge, schämt er sich dafür. 1943 erfährt er von der Vernichtung des Warschauer Ghettos. Gleichzeitig studiert er die Rassenkunde des jüdischen Volkes von Hans Günther. Die Sulzbacher Juden, die bei Levy arbeiten, sieht er daraufhin kritisch. Er macht sich Gedanken über das Aussehen vom jüdischen Nasen. Der Erzähler erwähnt das Wannsee-Protokoll vom 20. Januar 1942, das die Vernichtung der europäischen Juden festhält.

Der Junge weiß hiervon nichts, vernimmt aber das Wort „Endlösung".
Gleichzeitig erzählen Landser aus dem Reservelazarett, dass aus Juden
Seife gemacht werden würde. Der Junge schreibt auf eine Fassade, dass
die Juden unser Unglück seien.

Kapitel 10
Wenn alles in Scherben fällt

Mittlerweile fallen Bomben auf die deutschen Städte. Stauffenberg
verübt ein Attentat auf Hitler, das scheitert. Die Jungen pinseln nun
Durchhalteparolen auf die Mauern.
Am Bahnhof von Merzig wird der Zuge, in dem die Hitlerjungen sitzen,
von Tieffliegern angegriffen. Bei Orscholz bauen die Jungen Panzerfallen
und heben Schützengräben aus. Dann wird der Erzähler zum
Reichsarbeitsdienst eingezogen. Er erlebt, wie Saarbrücken brennt.
Die Mutter ist untröstlich, weil Söhne und Mann im Krieg sind.
In Ibersheim erfolgt die weitere Ausbildung zum Reichsarbeitsdienst,
wobei sich die Ausbilder als Sadisten zeigen.
Am 2. Mai 1945 endet der Krieg für den Protagonisten. Amerikanische
Einheiten greifen ihn auf. Auf der Fahrt mit amerikanischen Trucks
flüchtet der Junge.
Der Erzähler versucht den Ort seiner Flucht wiederzufinden. Aber es
gelingt ihm nicht.

Kapitel 11
Immerlebender Frühling

Der Erzähler fühlt sich nach dem Krieg frei. Er verbindet das Wort
Freiheit mit unbekümmertem Liegen im Gras. Zu Fuß macht sich der
Junge zusammen mit einem Kameraden auf den Weg, um die Eltern zu
suchen.
In Harburg trifft er seinen Bruder Hermann wieder. Der Reisekamerad
geht nach Sigmaringen und Ludwig und Hermann durchqueren das
Donauried. In Pfaffenhausen treffen sie die Eltern wieder. Ende August
kehrt die Familie nach Sulzbach zurück. Die Franzosen behandeln die
Saarländer gut und schnell sind die Führerbilder und Hakenkreuze
verschwunden. Der Vater mag über die deutschen Verbrechen im 2.
Weltkrieg nicht reden und will sich mit der Demokratie nicht

anfreunden. Die alten Nazis sitzen schon bald wieder auf gehobenen Posten. Ludwig lernt 1946 Brigitte kennen.

Kapitel 12
Die Löwen von Saint Irénée

Ludwig tritt 1949 in Lyon eine Stelle als Assistenzlehrer an. Manche Lehrer sind abweisend gegenüber dem Deutschen.
Harig lernt Monsieur Botrand kennen, der aus dem Limousin stammt. Während der Besetzung war Monsieur Botrand Mitglied der französischen Widerstandsbewegung. Trotzdem ist er nicht abweisend zu Harig wie die Einwohner von Lyon.
Er schließt Freundschaft mit zwei Studenten. Es kommt sogar zu Besuchen in Sulzbach und der Vater ist stolz auf die deutsch-französische Freundschaft.
Viel später besucht Harig Lyon wieder und vieles hat sich verändert. Seine ehemalige Schule ist jetzt nach Jean Moulin benannt, der im Widerstand war.
Ludwig denkt über seine Rolle im Krieg nach und kommt zu dem Schluss, dass er nichts ungeschehen machen könne.

Jungvolk, BDM, Hitlerjugend [i]

Interpretation

Der Titel und das Titelbild

Der Titel

Der Titel ist eine Redensart und kommt scheinbar harmlos daher. Es handelt sich um eine Warnung an den, der keine Einsicht in die Befolgung der Regeln zeigt. Der Begriff „tanzen" fällt auf. Wir haben es mit einer antithetischen Gegenüberstellung von Tanz als spielerisch-freier Bewegung und der Reihe als etwas Geordnetem zu tun.

Gleichzeitig tritt eine Ambivalenz auf. Es handelt sich um eine Zukunftsaussage aus Perspektive des Kindes. Harig spielt hier aber auch auf die Vergangenheit an, in der sich das Nichteinreihen gefährlich für das Individuum auswirken konnte.

In einer Reihe eingeordnet erleben die Schüler oder Pimpfe ein starkes Wir-Gefühl. Das wird prägend für Harig in der Hitlerjugend. Hier wird aber aber auch das Schicksal derer angedeutet, die aus der Reihe ausscheren bzw. sich überhaupt nicht einreihen können.

Man könnte diesen Satz auch unterteilen und interpretieren:

<u>Weh dem, der aus</u>

Warnung, Strafandrohung

<u>der Reihe</u>

Ordnung, Regelmäßigkeit, Notwendigkeit, Statik, Wir-Gefühl

<u>tanzt</u>

Spiel, Freiheit, Bewegung

Das Titelbild

Das Titelbild stellt einen Traum des Erzählers dar: „Heute Nacht träumte ich, René stünde auf einer Lichtung im Wald, er war in einen Vogel verwandelt, doch stand er hoch aufgerichtet, so daß sein Schwanz senkrecht vom Rücken abfiel und wie das Ende eines zu langen Kittels auf den Boden reichte. Obgleich er nur ein Vogel war, hatte er die gleiche Größe wie wir jungen Füchse, die zähnefletschend um ihn herum standen."[3] Die Abgrenzung vom Mitschüler René wird hier im Traum des Erzählers wiedergegeben. Die Schüler sind als Füchse und damit als Raubtiere zu erkennen. Sie umstehen ihr Opfer, das alleine ist.
Im Vordergrund liegt eine Trommel. Sie symbolisiert den Ich-Erzähler. Ludwig Harig war in der Hitlerjugend Trommler.

Das Vorwort

Dem Vorwort kommt eine besondere Bedeutung zu, denn das, was Hitler hier sagt, kommt auf den jungen Harig genau so zu. Er durchläuft Jungvolk und Hitlerjugend und er verinnerlicht die Ideologie der Partei.
„Und sie werden nicht mehr frei, ihr ganzes Leben". Dieser Satz Hitlers verrät, was die nationalsozialistische Partei eigentlich auch wollte. Den Menschen die Individualität und die Freiheit nehmen. Und so erging es auch Harig.

Wege der Beeinflussung

In diesem Werk wird ersichtlich, dass Ludwig Harig ein Sympathisant der nationalsozialistischen Politik in Deutschland war. Auch wenn er noch zu jung war, um in die Wehrmacht einberufen zu werden, so durchlief er doch relativ begeistert die Jugend-organisationen der Partei.

---

3 W, S. 19.

Im Folgenden soll es darum gehen, herauszuarbeiten, welche Erfahrungen und Mechanismen auf den jungen Ludwig in dieser Zeit und zuvor einwirkten.

1. Der Großvater

Der Großvater ist national gesinnt.[4] Als Gegenfigur fungiert Otto, der Schwiegersohn seines Bruders. Der gilt als Demokratischer und wird mit Max Braun verglichen, dem Vorsitzenden der saarländischen SPD.[5] Diesen Max Braun mögen Großvater und Vater nicht: „In Großvaters und Vaters Augen mußte ein Demokrat etwas ganz Verworfenes, etwas Anstößiges gewesen sein, jemand, der kein richtiger Mann war, immer in Zivil gekleidet, galant und neumodisch und stets mit einem flotten Spruch auf der Lippe. Dieser extravagante Max Braun, wie er sich nannte! Überspannt und etepetete!"[6] Max Braun, den er verächtlich Matz Braun nennt, stellt der Großvater den Chinesenheinrich entgegen, der ein deutscher Mann von altem Schrot und Korn sei. Der hatte im Boxeraufstand mitgekämpft.[7]

Der Großvater versucht Mitbürger für den Anschluss an das Deutsche Reich zu begeistern, während Sozialdemokraten und Kommunisten eine gemeinsame Front gebildet haben, um ebendies zu verhindern.[8]

---

4 Vgl. W, S.48.
5 Mathias „Max" Braun (1892-1945) war ab 1923 Chefredakteur der Volksstimme in Saarbrücken. Von 1928 bis 1935 war er Vorsitzender der Saar-SPD. 1933 bis 1935 war er Chefredakteur der sozialdemokratischen Zeitung *Deutsche Freiheit*, die gegen die Nationalsozialisten schrieb. Braun setzte sich dafür ein, dass das Saargebiet unter Völkerbundsverwaltung bleiben und sich nicht dem nationalsozialistischen Deutschland anschließen sollte. Nach der Saarabstimmung 1935, die eine Rückgliederung des Saargebietes an das Deutsche Reich zur Folge hatte, musste er flüchten. Er starb kurz vor seiner Rückkehr aus dem Exil 1945 in London.
6 W, S. 51.
7 Der Boxeraufstand war die Revolte einer chinesischen Gruppe gegen die Kolonialherren. Auch das Deutsche Reich besaß dort Einflussgebiete und setzte auch Truppen gegen die Chinesen ein. Boxer bezieht sich auf die Kampfkunst der Chinesen.

Der Großvater ist gegen diese Form des Separatismus, also der Abtrennung des Saargebietes von Deutschland: „Den Leuten müsse gesagt werden, was die neue Zeit mit sich bringe. Wo ein bißchen Druck nötig sei, müsse man Druck machen, wo ein bißchen gedroht werden müsse, da müsse man drohen. Abstimmungskampf sei eben Kampf, ein Kampf um jede Stimme, da komme es darauf an, diese Rotfront mit allen Kräften zu bekämpfen: runter mit den Plakaten! ins Feuer mit den Zeitungen! weg mit den demokratischen und sozialistischen und kommunistischen Hetzparolen! Und am besten sei es, diese Vaterlandsverräter zum Schweigen zu bringen...".[9]

Großvaters Einstellung hat eine große Wirkung auf die ganze Familie. Zusammen mit seinem Sohn besucht er eine Rede Adolf Hitlers in Koblenz.

Der Großvater leidet unter der französischen Besetzung des Saargebietes. Er sagt, dass die Franzosen keinen Vertrag halten und sich einfach nehme, was er wolle. Auch wenn man den Krieg verloren habe, so müsse man doch nicht deshalb gleich das Saargebiet vom Reich abtrennen.[10] „... mit einer unüberwindlichen Abscheu gegen alles Französische, ließ er sich pensionieren."[11]

Nach der Saarabstimmung im Januar 1935 zeigt sich der Großvater enttäuscht, dass er keine Fahnen hissen darf.

---

8   6 Monate vor der Saarabstimmung entschied sich die Kommunistische Partei Deutschlands zur Bildung einer Einheitsfront mit den Sozialdemokraten, um das Völkerbundmandat fortzusetzen.
9   W, S. 56.
10   Vgl. W, S.53.
11   Ebd., S. 54.

Er zeigt sich als Anhänger der Dolchstoßlegende[12] und leidet unter dem Friedensvertrag von Versailles[13]:

„Noch litt er unter der Schande der vaterlandslosen Gesellen, die dem deutschen Soldaten einen Dolchstoß von hinten versetzt hatten, wie er sagte, noch quälte ihn die Schande von Versailles, wo das Reich einen Gewaltfrieden hatte hinnehmen müssen, wie er es ausdrückte...".[14]

Am 1. März 1935 beflaggt er das Haus jedoch mit den Hakenkreuzfahnen des Dritten Reichs, denn das Saargebiet wurde dem Reich wieder angegliedert. Bis zu den Siegen Rommels[15] in Afrika dekoriert er das Haus Jahr für Jahr mit Fahnen.[16]

Der Erzähler erwähnt immer wieder die Sparsamkeit des Großvaters, der aus dem Hunsrück stammt. Allerdings habe dieser immer an der falschen Stelle gespart.[17]

---

12 Die Dolchstoßlegende besagt, dass das deutsche Heer im 1. Weltkrieg an der Front unbesiegt gewesen wäre. Nur durch den Verrat von zivilen Politikern in der Heimat sei es zur Niederlage und zum Frieden von Versailles gekommen. Es handelte sich um eine Rechtfertigungsideologie der alten militärischen und nationalkonservativen Eliten, die die Weimarer Republik von Anfang an belastete. Der „Dolchstoß" sei von hinten ausgeführt worden.Tatsächlich hätte der Krieg aber nicht mehr fortgeführt werden können, da die Alliierten überlegen waren.

13 Der Vertrag von Versailles hatte für das Deutsche Reich harte Folgen. Neben der Übernahme der Kriegsschuld kam es zu Abtretungen von Gebieten und zu Reparationsforderungen. Der Vertrag wurde in der deutschen Bevölkerung meist als Diktat empfunden.

14 W, S. 68.

15 Erwin Rommel (1891-1944) befehligte als General das deutsche Afrikakorps. Die Wehrmacht musste sich schließlich im Kampf gegen die Engländer in Nordafrika geschlagen geben.

16 Vgl. W, S. 83 f.

17 Vgl. ebd., S. 75, S. 90-91.

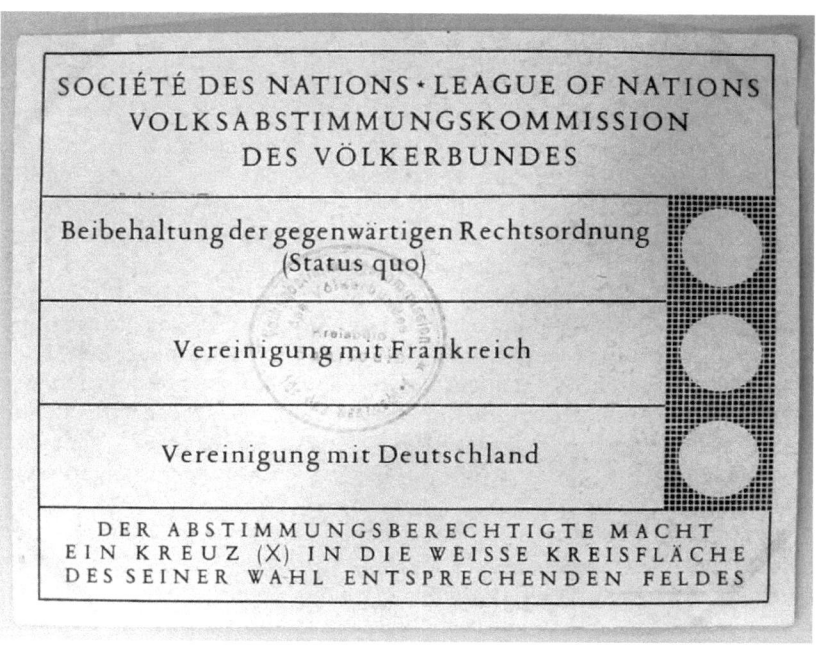

Stimmzettel zur Saarabstimmung 1935 [ii]

2. Der Vater

Auch der Vater hat auf Ludwig Harig einen großen Einfluss. In seinen autobiographischen Werken beschäftigt sich *Ordnung ist das ganze Leben* mit dem Vater.[18] Hier erzählt er von einem Mann der Generation, die durch das Trauma des 1. Weltkrieges geprägt wurde. Aus dem Krieg zurückgekehrt widmet sich der Vater wieder seiner kleinbürgerlichen Existenz und will nie mehr über den Krieg sprechen.

Der Vater ist eine prägende Gestalt für den Erzähler. Er hat die Ordnung zum Maß aller Dinge gemacht. Er erscheint nicht unsympathisch, wird nicht mit erhobenem Zeigefinger beschrieben, aber es wird deutlich, wie sehr ihn das Aufwachsen im Kaiserreich und die Fronterfahrung im Ersten Weltkrieg geprägt haben. Der Krieg hat ihn skeptisch gemacht: „Und ich begriff, dass es ihm im Krieg schlimm ergangen sein musste...".[19]
Der Vater erzählt stolz von der kaiserlichen Garde, die in St. Privat[20] den blauen Rock[21] getragen habe.
Ludwig lernt von seinem Vater, was dieses Preußischblau bedeutet: „Alles ist Preußischblau, lautet die Lektion, Preußischblau ist die Farbe des Konservatismus, und der Konservatismus fügt die Bretter zusammen, auf denen wir spielen. Viel später blickte ich hinter die Kulissen, viel zu spät, da war der Krieg schon verloren, das Reich zertrümmert, die Weltanschauung in Rauch aufgegangen."[22]
Es folgt eine weitere Analyse des erwachsenen Ludwig: „Und Vater, der kleine Anstreichermeister, der auch mit dem einfachen Dreisatz dahintergekommen war, daß ihm der Konservatismus mehr abwarf und

---

18 Ludwig Harig: Ordnung ist das ganze Leben. Roman meines Vaters. München 1986.
19 W, S. 82.
20 Das Gefecht um den Ort St. Privat am 18. August 1870 war Teil der Schlacht von Gravelotte. Beim Infanterieangriff auf das Dorf verloren die Preußen 14 000 Mann, da die Franzosen unter anderem über das neue Chassepotgewehr verfügten, das eine wesentlich größere Reichweite hatte als die preußischen Gewehre.
21 Gemeint ist ein Waffenrock. So bezeichnete man die Uniform der deutschen Soldaten.
22 W, S. 88.

ihn besser kleidete als revolutionärer Sozialismus, schaute mit Wohlgefallen auf alles, was preußischblau war. Er wollte kein Brandstifter und Sprengstoffattentäter werden, o nein, wie gern wäre er bis zu seinem Tod ein loyaler Soldat des Kaisers geblieben."[23] Hier wird deutlich, dass der Vater immer noch ein treuer Monarchist[24] ist. Gerade auch diese Gruppe hatte sich nie mit der Weimarer Republik versöhnt und war eine Belastung für die noch junge Demokratie.

Der Vater ist von einem Nützlichkeitsdenken geprägt: „Gediegene Arbeit sei lobenswert, sagte er stets, nicht die brotlose Kunst, und ich solle beim Bauen mit dem Märklinkasten immer daran denken, nützliche Dinge zuwege zu bringen und nicht Firlefanz wie Zirkuszelte und Karusselle."[25] Der Junge wächst also in einer durchaus kleinbürgerlichen Umwelt auf. Nichts deutet darauf hin, dass er Schriftsteller werden würde.
Es ist festzuhalten, dass der Vater keineswegs judenfeindlich ist, was dem Sohn zunächst missfällt.[26] Die Erziehung in der Hitlerjugend hat bereits ihre Wirkung getan.

Harig berichtet, dass er nach dem ersten Kriegsverbrecherprozess den Vater in ein Gespräch über die Nazizeit verwickeln möchte. Aber dieser lehnt ab, denn er habe von alledem nichts gewusst.
Er setzt zu einer Verteidigungsrede an: „Er sei zur Schule gegangen, als es noch etwas gegolten hätte, Recht und Ordnung zu respektieren, habe unter dem Kaiser gekämpft, als es noch ehrenvoll gewesen sei, einen Stoßtrupp zu führen, habe Jahr und Tag seine Arbeit getan, seine Steuern gezahlt und sich nichts zuschulden kommen lassen, doch jetzt auf einmal sollte er mitschuldig sein an Verbrechen, die andere begangen hätten."[27] Der Vater macht es sich also leicht, denn immerhin hat er ja dieses System zumindest befördert in den 30er Jahren, wobei man ihm wirklich nicht vorwerfen kann, solche Verbrechen gebilligt zu haben.

---

23 Ebd. , S. 88.
24 Das Deutsche Kaiserreich endete 1918. Danach entstand die Weimarer Republik. Der letzte Deutsche Kaiser, Wilhelm II., ging ins Exil nach Holland.
25 W, S. 104.
26 Vgl. ebd., S. 205 f.
27 Ebd., S. 243.

Wenn er jedoch betont, dass niemand für nichts und wieder nichts eingesperrt wurde[28], also sozusagen selbst schuld sei, dann gibt dies doch zu denken.

Allerdings blendet er die Realität auch nicht aus : „Er schlug auf den Tisch, dass die Kaffeetassen hochsprangen und rief: „Wie hätte ich je annehmen können, daß eine deutsche Regierung solche Verbrechen befiehlt, wie sie jetzt ans Tageslicht kommen!"[29]

Viel später, als Harig Austauschlehrer in Lyon ist, bringt Ludwig den französischen Freund Roland mit und der Vater will alles wissen über dessen Vater, der ebenfalls Soldat im 1. Weltkrieg war.

Der Vater ist froh über die Freundschaft seines Sohnes mit einem Franzosen: „Er schaute mich an und nickte, schaute Roland an und lächelte, und da wußten wir, wie stolz Vater war, daß wir uns gefunden hatten und Freunde waren."[30]

Hier zeigt sich, dass der Vater die „Erbfeindschaft" zu Frankreich vergessen hat. In jenen Jahren beginnt auch der Ausbau der deutsch-französischen Beziehungen.

Vater und Sohn tragen beide in sich die Tendenz zu Anpassung und Gehorsam.[31] Das lässt sich aus beiden Romanen, *Ordnung ist das ganze Leben* und *Weh dem, der aus der Reihe tanzt*, herauslesen. Sie können sich nicht einmal vorstellen, dass auch alles anders sein könnte. Es gibt Politik auf höchsten Befehl, aber nicht aus eigener Reflexion.

Wie weit Anpassung führen kann, wird gerade bei *Weh dem, der aus der Reihe tanzt* deutlich. Was dieses Buch ganz deutlich macht, ist dass es für die Kinder fast unmöglich war, sich der Beeinflussung zu entziehen, denn „jeder Ausbruch ist ausgeschlossen, jede Art geistiger Selbstständigkeit im Bereich des Politischen ist von vorneherein für die meisten Menschen unvorstellbar."[32]

---

28 Vgl. ebd., S. 243 f.
29 Ebd., S. 244.
30 Ebd., S.268.
31 Vgl. Georges-Arthur Goldschmidt: Beschreibung der Umzäunung. Zur biederen Unmenschlichkeit verführt, S. 102, in: Sprache fürs Leben, Wörter gegen den Tod. Ein Buch über Ludwig Harig. Hrsg. Von Benno Rech. Blieskastel 1997, S. 101-106.
32 Ebd., S. 105.

3. Die Beeinflussung des jungen Harig durch das Kino

Harig erwähnt zwei Kinofilme, die ihn geprägt hätten: *Hitlerjunge Quex*[33] und *Olympia*.

Gerade mit *Hitlerjunge Quex* setzt sich Ludwig Harig intensiv auseinander. Die Erinnerung an dieses Erlebnis ist überwältigend, da gerade dieser Film für die nazistische Verführung der Jugend steht. „Mit diesem Film begann eine Verblendung..."[34] schreibt Karl Prümm.
Harig muss sich beim Erinnern wohl immer wieder fragen, wie ihm all das geschehen konnte. Weshalb konnte er sich nicht aus der Verstrickung lösen? Das Erwähnen dieses Films gehört zu einer der Schlüsselstellen im Roman.
Der Film ist als Märtyrerlegende gestaltet und ist gleichzeitig Jugendgeschichte und soziales Drama. Er behandelt die Konfrontation zwischen Kommunisten (KPD)[35] und Nationalsozialisten (NSDAP)[36] am Ende der Weimarer Republik.
Der Protagonist des Films, Heini Völker, kommt aus einem proletarischen Milieu in Berlin-Wedding. Die Familienverhältnisse sind zerrüttet. Er löst sich von der Familie und vom Einfluss der Kommunisten. In der Hitlerjugend erlebt er eine Art Ersatzfamilie. Er bewahrt die neuen Freunde vor einem Anschlag der Kommunisten und wird von den Kommunisten gejagt und brutal ermordet.

---

33 Hitlerjunge Quex-Ein Film vom Opfergeist der deutschen Jugend. Deutschland 1933. Regie: Hans Steinhoff.

34 Karl Prümm: Der Ohrenzeuge. Filmerinnerungen in den autobiographischen Romanen, S. 91, in: Sprache fürs Leben, Wörter gegen den Tod. Ein Buch über Ludwig Harig. Hrsg. Von Benno Rech. Blieskastel 1997, S.86-97.

35 Die Kommunistische Partei Deutschlands entstand 1918. Ab 1929 wurde sie zur einer stalinistischen Partei, bezog sich also auf die Sowjetunion unter dem Regime Stalins. Sie arbeitete auf sozialistische Produktionsverhältnisse und Abschaffung der Demokratie hin.

36 Die Nationalsozialistische Deutsche Arbeiterpartei (NSDAP) war eine 1920 gegründete Partei, deren Programm durch Antisemitismus und Ablehnung der Demokratie bestimmt war.

Der Film kreist um zwei für die Hitlerjugend (HJ)[37] zentrale Elemente: Fahne und Uniform. Die Fahne spielt auch an anderer Stelle in diesem Roman eine tragende Rolle.

Die Fahne wird zum Symbol der neuen Gemeinschaft und die Uniform zeigt die neugewonnene Identität.

Als Harig den Film 1935 sah, war das Saargebiet gerade zum Deutschen Reich zurückgekehrt und allerorten waren Fahnen zu sehen. Mit etwas Befremden registriert der junge Harig den Kult der Fahnen. Fahne und Uniform blieben für ihn zunächst bloße Gegenstände. Durch den Film *Hitlerjunge Quex* ändert sich dies. Nun wird Harig auf die Gemeinschaft eingeschworen.

Der Film setzt auf Musik und auf Stimmen.[38] Er arbeitet zielgerichtet mit den neuen und revolutionären Möglichkeiten des Tones. Die Stummfilmzeit ist noch nicht lange her.

Vor allem auf der Tonspur wird versucht, die Jugend von der neuen Zeit und der Volksgemeinschaft zu überzeugen. Auch wird der Gegner mit Hilfe des Tones herabgewürdigt.

Zentral im Film ist das Marschlied *Unsere Fahne flattert uns voran*, das stark emotional wirkt.

In den frühen Tonfilmen waren die Gesangsszenen fast immer dramaturgische Höhepunkte bis zur Überhöhung am Schluss.[39] Diese bewährte Methode wendet auch der Film an.

Die Musik unterlegt eine Entwicklung. Der Protagonist entflieht der ordinären Tanzmusik, die im proletarischen Lager zu hören ist. Aber er begeistert sich für das Lied, das im Lager der HJ gesungen wird. Dagegen ist bei den Kommunisten alles unstimmig. Ein Beispiel ist, dass der Vater, der der KPD angehört, die *Internationale*[40] anstimmt und mit unangenehmer Stimme singt.

Unangenehm zu hören sind auch die schrillen Pfiffe, mit denen sich die Verfolger Heini Völkers verständigen.

---

37 Die Hitlerjugend (HJ) war die Jugend- und Nachwuchsorganisation der NSDAP. Sie war ab 1933 der einzige staatlich anerkannte Jugendverband. Im Mittelpunkt stand die körperliche und ideologische Schulung. Das Einüben von Befehl und Gehorsam und Selbstaufopferung galten als wichtige Ziele.

38 Vgl. Prümm, S.93.

39 Vgl. ebd. S. 94.

40 Die *Internationale* ist ein Kampflied der sozialistischen Arbeiterbewegung.

Harigs Erinnerungen sind ein Beleg dafür, „wie unmittelbar der Film an Alltagserfahrung und an ideologische Muster anknüpft...".[41] Die Kommunisten werden als undiszipliniert gezeigt. Harig konnte das alles in Sulzbach erleben und da er diesen eh fernstand, erschien ihm das alles nach diesem Kinobesuch um so deutlicher.
Es handelt sich um einen subtil gestalteten Propagandafilm. Auch die Gegenseite hat sympathische Züge. So erscheint der kommunistische Funktionär Stoppel durchaus bemüht um seine Jugendlichen. Er nimmt auch nicht am Mord von Heini Völker teil. Dies hängt wahrscheinlich auch damit zusammen, dass der Film auch Überläufer gewinnen will, wirkt aber auch realistischer.
Im Februar 1934 fand bereits in einem Saarbrücker Kino eine geschlossene Vorführung des eigentlich verbotenen Films statt.

Ludwig Harig beschreibt, wie er als Junge den Film erlebte und er beschreibt die Diskrepanz zwischen Kommunisten, die lärmend und nachlässig gekleidet sind und den Hitlerjungen: „Sie lümmelten nicht herum wie die Kommunisten, sprangen in das Wasser des Sees und badeten, schlüpften in ihre Uniformen und hißten die Fahne."[42]
Ganz anders die Kommunisten : „Die Kommunisten liefen in Räuberzivil herum und waren ein Sauhaufen, der arbeitslose Vater trank Flaschenbier und schlug seine Frau."[43]
Harig geht darauf ein, wie sehr ihn die Bedeutung der Fahne in den Schlussszenen nach dem Mord an Quex beeindruckt habe:
„Ich saß in meinem Logensessel, tief in das rote Polster gedrückt, und ein Fahnenrausch ging über mich hinweg. Zuerst waren es nur ein paar Hitlerjugendfahnen, in Zweier-, in Dreierreihen, getragen von Hitlerjungen in braunen Sommeruniformen; die Jungen hatten die Tücher entfaltet, aufgerollt, emporgehoben, nun schwangen, nun schwenkten sie die Fahnen hoch über ihren Köpfen: Da wehten sie an den Stangen, bauschten sich im Marschtritt, flatterten im Wind." [44]

---

41 Prümm, S.94-95.
42 W, S. 78.
43 Ebd., S. 78.
44 Ebd. S, 80.

Harig erscheint das Gesehene geradezu unwirklich: „Es war ein Traum, ein marternder Traum vom unendlichen Weg in das tausendjährige Reich, und er wollte kein Ende nehmen."[45]

Er geht auf die Bedeutung des Liedes *Vorwärts, vorwärts! Schmettern die Heldenfanfaren!* ein, das auch immer zu Anfang und am Ende jeder Feierstunde in der HJ gesungen wurde.

Harig sagt: „Die Heldenfanfaren sollten es sein, die uns vorwärts riefen, vorwärts drängten, vorwärts trieben zu kommenden Taten..."[46].

Er gibt ein anschauliches Beispiel über das Wirken der Propaganda, aber es ist auch ein ganz persönliches Erlebnis.

An anderer Stelle, wird, wenn auch nur kurz, ein weiterer Propagandafilm erwähnt: *Olympia*[47] von Leni Riefenstahl, der die Olympischen Spiele von 1936 in Deutschland zeigt.[48] Viele der im Film gezeigten Ideen zur Masseninszenierung entstammten den NS-Großveranstaltungen.

4. Beeinflussung in der Lehrerbildungsanstalt

Harig erfährt in Idstein von den „Edelweißpiraten"[49], die sich in Straßenschlachten mit der Hitlerjugend einlassen.[50] In München habe sich eine Studentengruppe, die sich „Weiße Rose"[51] nenne, Mauern und Wände mit Hetzparolen beschmiert.

Von da ab war es verboten, bestimmte Lieder zu singen, die von den Edelweißpiraten umgedichtet wurden. Der Lehrer Galvani ist traurig, dass auch eines seiner Lieblingslieder, „Es war ein Edelweiß" nun nicht

---

45 Ebd., S.80.
46 Ebd., S.81.
47 *Olympia* ist der Titel eines 1938 erschienenen Propagandafilms. Der Film dokumentiert propagandistisch die Olympischen Spiele von 1936 in Berlin.
48 Vgl. W, S. 99.
49 Die Edelweißpiraten waren informelle Gruppen deutscher Jugendlicher, die in Opposition zum NS-Staat standen. In Köln beteiligten sie sich aktiv am Widerstand gegen den Nationalsozialismus.
50 Vgl. W, S. 172.
51 Die *Weiße Rose* war eine studentische Widerstandsgruppe, die sich gegen die Diktatur des Nationalsozialismus richtete. Ihre wichtigsten Mitglieder wurden zum Tode verurteilt.

mehr gesungen werden darf, aber er meint, wenn es um das Vaterland ginge, müsse man verzichten lernen. Und er fügt noch an, dass man sich auch vor bestimmten Büchern hüten solle und erwähnt interessanterweise die *Marmorklippen* von Ernst Jünger.

Aber Harig ist überhaupt nicht in Gefahr, sich in seiner Einstellung erschüttern zu lassen: „Kein noch so verlockendes Edelweißlied, kein Geraune von Widerstand hätte mich beunruhigen, mich bedrängen, mich gar abtrünnig machen können…".[52] Er zeigt sich als überzeugter Anhänger des NS-Staates.

Harig erwähnt, dass Willi Graf im Februar 1943 im Widerstand tätig war und setzt dem sein eigenes Erleben entgegen. In der Lehrerbildungsanstalt redet der Lehrer Galvani über Schicksalskampf.

Als „Schädlinge des Reiches"[53] bezeichnet Galvani die Geisteskranken, „sie seien zwar unverschuldet zu ihrem Leid gekommen und hätten keine Aussicht auf Heilung, lägen aber nichtsdestotrotz der Volksgemeinschaft auf der Tasche."[54] Dazu komme, dass nicht einmal die Schwerstarbeiter ausreichend zu essen hätten.

Hier rechtfertigt der Lehrer also das Euthanasie-Programm der Nationalsozialisten, das zur Tötung von Menschen führte, die dem Staat einfach nicht nützlich waren. Es kam zu Kindermorden ab 1939. Dabei wurden etwa 5000 Säuglinge und Kinder getötet, die erbkrank oder körperlich beeinträchtigt waren. Die Tötung erfolgte durch die Vergabe von Barbituraten. Nach dem Krieg wurden nur wenige Täter bestraft. Allerdings wurden auch Todesstrafen gegen die Haupttäter verhängt.

Neben Zwangssterilisationen kam es auch zur geplanten Ermordung Erwachsener, die Behinderungen aufwiesen. Man kann von über 70 000 Morden allein im Deutschen Reich ausgehen.

Kinder und Erwachsene wurden in Tötungsanstalten ermordet, wobei Harig eine von ihnen nennt, Hadamar in Hessen.

In der Nähe seines Ausbildungsortes in Idstein liegt der Kalmenhof, eine Nervenklinik, geleitet von Wilhelm Großmann. Und Harig hört Gerüchte, dass Autobusse voller Kranker von hier nach Hadamar transportiert werden, wo sie mit Spritzen getötet und in Krematorien verbrannt würden. Er wird selbst Zeuge, wie die Kranken abgeholt werden. Aber er stellt dieses Handeln nicht in Frage: „Dann, als wir

---

52 W, S. 173.
53 Ebd., S. 175
54 Ebd., S. 175 f.

freimütig darüber sprachen, waren wir längst von der Notwendigkeit der nationalsozialistischen Rassenhygiene überzeugt...".[55]
Später wird deutlich, der Kalmenhof war nicht nur Durchgangslager. Dort wurde auch getötet.
Harig fällt ein Junge am Zaun vom Kalmenhof auf, der dort raucht. Er heißt Willi oder Werner. Plötzlich ist er verschwunden. Viele Jahre später fragt sich Harig, warum er nie mehr an diesen Willi oder Werner gedacht hatte und auch nicht an René.
Man kann es sicher so interpretieren, dass hier auch eine Verdrängung bei Harig einsetzte.

5. Die Schule und der Untertanengeist

Harig beschreibt das Neue Schulhaus in Sulzbach, das um die Jahrhundertwende zum 20. Jahrhundert erbaut wurde. Die Schule wurde also in der Zeit des Wilhelminismus erbaut und mit der Schule zieht auch die neue Zeit nach Sulzbach.
Die Fassade ist akkurat und beeindruckend und Harig vergleicht die Fassadengiebel mit Längsschnitten kaiserlicher Pickelhauben.[56]
„Das Mauerwerk ist nur halb geblendet: Der ganze Bau ist ein mächtiges Blendwerk aus vorgetäuschten Gliederungsteilen und Schmuckelementen."[57] Ein mächtiges Blendwerk – Es mag sein, dass Harig hier einen Bezug zum schneidigen Militarismus der Wilhelminischen Epoche mit ihren Orden und Uniformen zieht.
Auch das Regelmaß der Steine unterstreicht es: Weh dem, der aus der Reihe tanzt![58] Hier ist das Thema des Romans schon vorweggenommen: Anpassung und Untertanengeist.

---

55 Ebd. S. 178.
56 Vgl. ebd., S. 10.
57 Ebd., S. 10.
58 Ebd., S. 11.

6. Beeinflussung durch Propaganda und durch die Hitlerjugend

Harig erwähnt verschiedene Reden, die ihm im Gedächtnis geblieben sind. Da ist zum Beispiel die Rede Adolf Hitlers zum Kriegsbeginn gegen Polen am 1. September 1939.

Harig beschreibt, wie Hitler die Rede hält: „mit einem unbeherrschten Krächzen in der Stimme"[59], „schrie"[60], „unaufhörlich hämmerten die Silben aus Hitlers Mund"[61]. Es wird also deutlich, mit welcher Aggressivität Hitler vorgeht. Harig beschreibt weiter: „Er schäumte vor Wut"[62], „In qualvoll gedehnten, rhythmisch zerhackten Sätzen..."[63], „er kollerte, er quarrte, seine Stimme kippte über"[64].

Luftaufnahmen der brennenden polnischen Hauptstadt September 1939
[iii]

---

59 Ebd., S.125.
60 Ebd., S. 126.
61 Ebd., S.126.
62 Ebd., S. 126.
63 Ebd., S. 126.
64 Ebd., S. 126.

Harig nimmt also eine Bewertung Hitlers vor, aber es ist wohl eher die Bewertung aus der Sicht von 1990, nicht die des Hitlerjungen von 1939. Tatsächlich war Hitlers Rede eine Lüge: Er spricht von einem Verteidigungskrieg, aber es war im Grunde ein Überfall.[65]

Aber Harig betont, dass er und alle anderen auch nicht an diesen Worten zweifelten und man nicht wissen konnte, dass alles gelogen war: „Wer wusste es damals und hätte es uns sagen können?"[66]
Harig sinniert im Nachhinein, über die Bedeutung der Sprache, die zum Beispiel bei Sondermeldungen im Radio verwendet wurde:
„Heimtückischer Überfall. Ehrbare Gegenwehr. Was wir hörten waren wieder Stichworte, Schlagworte, Machtworte, kein Sterbenswörtchen vom armseligen Menschen. Was haben wir begriffen? Es war Krieg, es wurde viel gesprochen damals, Worte begleiteten die Waffengänge, Worte flankierten die Vorstöße. Worte und Wörter. Satz um Satz ging es voran in Panthersprüngen, in Adlerstürzen drangen die deutschen Armeen in Polen vor, so meldete es das Radio. Die Diplomaten hätten genug gesprochen, hieß es aus dem Propagandaministerium, jetzt sprächen die Waffen. Prügel für Polen, Hiebe für die Untermenschen, das war also die andere Sprache, das war die Sprache, in der unser Lehrer mit Hermann Rakowski sprechen wollte, die Sprache, in der nach seiner Meinung der Führer mit den Polen sprechen sollte."[67]

---

65 Der Polenfeldzug (auch Überfall auf Polen) war der Angriffskrieg des Deutschen Reiches gegen die Polnische Republik und gleichzeitig der Beginn des Zweiten Weltkriegs. Die deutsche Wehrmacht griff Polen am 1. September 1939 an. Am 17. September griff die sowjetische Armee gemäß dem Hitler-Stalin-Pakt Polen ebenfalls an. Am 6. Oktober 1939 endeten die Kampfhandlungen mit der Niederlage Polens. Um den Angriffskrieg im Vorfeld zu rechtfertigen, täuschte Deutschland einen polnischen Überfall auf den Sender Gleiwitz vor.
66 W, S.126.
67 Ebd., S.130.

Prägend für Harig ist seine Zeit in Jungvolk und Hitlerjugend. So wird das Erlebnis des Zeltlagers beschrieben.[68] Dazu gehört auch gemeinsames Singen, Fahnenappelle und Schulungsabende.

Zeltlager der Hitlerjugend 1933 [iv]

Manipulation durch Strukturen, Zeichen und Symbole

Architektur

Das Schulhaus erscheint als mächtiges Blendwerk. Es ist Ausdruck des preußischen Untertanengeistes. Es weist auf die titelgebende Lehre hin: *Weh dem, der aus der Reihe tanzt.*

---

68   Vgl. W, S.112.

Uniform

Sie ist Ausdruck von Identifikation und Zugehörigkeit.[69] Außerdem erscheint sie als zweite Haut: „...ja sie lagen an den Gliedmaßen an, als seien sie tatsächlich eine zweite Haut."[70]
Die Uniform bedeutet auch, Farbe zu bekennen.[71]

Fahne

Es kommt zu einem wahren Fahnenrausch, als das Saargebiet wieder dem Deutschen Reich angegliedert wird.[72] Das Fähnchen riecht nach Persil im Gegensatz zum muffigen Staubdunst.[73] Der Film *Hitlerjunge Quex* wird nicht als Film über eine Fahne, sondern als Film von der Fahne bezeichnet[74] und erzeugt eine euphorische Wirkung. In Zusammenhang mit diesem Film ist auch die Rede von einem „Bildermeer"[75].

Lieder/Klänge

Prägend für Harig ist seine Aufgabe als Trommler in Jungvolk und Hitlerjugend. Er beschreibt auch die begeisternde Wirkung von ideologischem Liedgut.[76] Das Geräusch der Trillerpfeife hat eine disziplinierende Wirkung.[77]

---

69 Vgl. W 70
70 W 71
71 Vgl. W 71
72 Vgl. W 70
73 Vgl. W 73
74 Vgl. W, S. 77.
75 Ebd., S. 79.
76 Vgl. ebd., S. 77.
77 Vgl. ebd., S. 183.

Farben

Preußischblau ist die Farbe des Konservatismus.[78] Während der Vater das preußische Blau bevorzugt und damit dem Konservatismus nahesteht, steht das Braun der NSDAP für den Großvater.[79]

Auch wenn das Parteibraun der HJ nun eine wichtige Rolle spielt, so dominiert zuhause doch weiter der Konservatismus in Preußischblau.[80]

---

78 Vgl. ebd., S. 88.
79 Vgl. ebd., S. 90.
80 Vgl. ebd. S. 98.

Hitlerjugend, Geländesportübungen [v]

Simplicius Simplicissimus

Der Abentheuerliche Simplicissimus Teutsch[81] ist ein Schelmenroman, der
das Leben eines Kindes im Dreißigjährigen Krieg beschreibt. Dabei kann
sich der Protagonist oft nicht klarmachen, was um ihn herum vorgeht
und beschreibt alles aus seiner kindlichen Perspektive. Dadurch wird
der Schrecken des Krieges humoristisch bewältigt. Der Vergleich mit
dem 6jährigen Ludwig Harig drängt sich auf. So sagt er über die
kämpfenden Parteien: „Der kleine Unterschied lag wohl darin
begründet, daß die einen ihre Hand zur Fläche ausgestreckt, die anderen

---

81 Hans Jakob Christoffel von Grimmelshausen: *Der Abentheuerliche
Simplicissimus Teutsch* erschien 1668.

ihre zur Faust geballt hatten, wenn sie ihre Fahne und ihren Führer grüßten."[82]

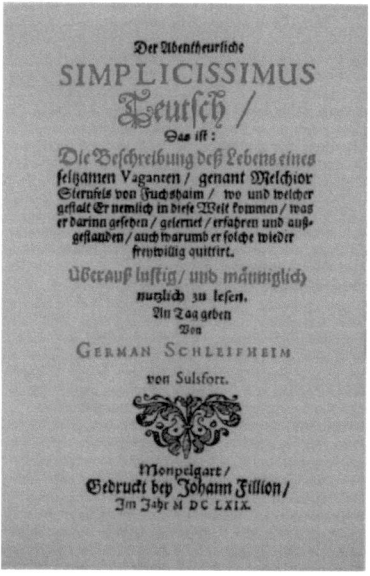

Titelblatt der Erstausgabe 1669 [vi]

Dadurch gelingt es dem Autor, das Handeln dieser Parteisoldaten der Lächerlichkeit preiszugeben.

Dabei kommt der Junge aber ganz durcheinander: „Doch wie war das noch mit dem Fanfarengeschmetter und dem Schalmeiengedudel? Es war ganz und gar falsch, was ich mir in meinem Kopf zurechtgelegt hatte; die Nationalsozialisten grüßten zwar mit flacher Hand und stießen in die Fanfare, doch die Demokratischen, die mit geballter Faust grüßten und die Schalmeien bliesen, waren nicht die Sozialdemokraten, sonder die Kommunisten."[83]

Ein weiteres Beispiel für dieses Denken aus der Sicht des Kindes oder des Jugendlichen lässt sich am Beispiel des Streites um den polnischen

---

82   W, S. 55.
83   Ebd., S.55.

Korridor[84] festmachen. Der Stammführer spricht von dem Plan, eine deutsche Straße und eine deutsche Eisenbahnlinie nach Ostpreußen zu bauen. „Das aber sein uns verweigert worden, und folglich müsse der Führer mit diesen Polen eine andere Sprache sprechen. Eine andere Sprache? Welche Sprache wollte der Führer sprechen?"[85] Hier wird also die Gewaltanwendung bereits angekündigt, doch dem 12jährigen ist das nicht klar.

Polnischer Korridor und Danzig 1939 [vii]

---

84 Der polnische Korridor: Deutschland musste diese Landverbindung zwischen Pommern und Ostpreußen nach dem 1. Weltkrieg an Polen abtreten. So erhielt Polen einen Zugang zur Ostsee.
85 W, S. 113.

René

René ist ein Außenseiter in der Schule.[86] Der kleine, verzärtelte Junge in merkwürdiger Schulmontur hebt sich von den Klassenkameraden ab. Er wird in einem eleganten Renault zum Unterricht gefahren.
Auch der Protagonist stößt ihn zurück.

Die Erzählung über René zeigt den „unzuverlässig-subjektiven Anteil seines Schreibens als die es beglaubigende Bedingung heraus".[87] Man hat den wirklichen René gefunden. Er war später Bäcker und dann Helfer am biologischen Institut des Saarlandes. Das Auto gab es nicht und statt eines Franzosenkleidchens trug er den Kittel der armen Leute. Eben jener René bestätigt Harig jedoch, dass er sich gut erinnert hat, denn ihm sei ja aufgefallen, dass an seiner Mutter und ihm etwas Auffallendes war. Er erwartet keine Faktengenauigkeit, aber fühlt sich verstanden.[88]
Harig zeigt, dass René verspottet und zurückgestoßen wird: „Durch solche Verhaltensweisen und Gesten charakterisiert er die allgemeine Stimmung der Jahre um 1933."[89] Und diese allgemeine Stimmung ist geprägt durch die Konzentration auf das Anderssein. Es ist ein Zeitgefühl und es manifestiert sich in Harigs Erinnerung, die fehlerhaft ist und deshalb um so glaubhafter und eindeutiger.
René steht wohl beispielhaft für die, die schon bald zunächst zu Außenseitern und dann zu Opfern wurden: Juden, Zigeuner und geistig Behinderte.
Er ist aber auch Symbol für die Abneigung gegen alles Französische, das durch Harigs Vater und Großvater vorgelebt wird.
Interessant ist, dass der Erzähler erwähnt, dass René als Opfer dringend gebraucht wird.
Schon sein Name erweckt den Eindruck der Andersartigkeit, in einer Zeit, wo die Jungens Ludwig oder Georg hießen.

---

86 Vgl.ebd., S. 12.
87 Benno Resch: „Nichts ist wahr als das Selbstempfundene". Ludwig Harigs autobiographisches Erzählen, S. 51 in: TEXT + KRITIK. Heft 135. Ludwig Harig. München 1997, S. 51-59.
88 Vgl. ebd., S. 51-52.
89 Herrmann Lenz: Ludwig Harigs Gewissenprüfung. Über seinen Roman „Weh dem, der aus der Reihe tanzt", S.48, in: TEXT + KRITIK. Heft 135. Ludwig Harig. München 1997, S. 47-50.

Gleich am Anfang finden wir ein vorweggenommenes Fazit, wenn der Erzähler sagt, dass das, was er ihm angetan habe, nicht wiedergutzumachen sei.

Die Beschreibung des kleinen René ist von großer Präzision. Harig will die kaum merkbare Einwilligung in das allgemeine Verbrechen zeigen. Es ging ja auch um ein körperliches Zusammengehörigkeitsgefühl, welches durch die Andersartigkeit von René, die genau geschildert wird, unterstrichen wird.[90] Der Außenseiter gehört abgeschafft und doch braucht man ihn, um sich selbst als Gruppe zu definieren.
Diese Absonderung wird als natürlich hingenommen und das ist am ganzen Aufbau des Romans zu lesen. Ähnlich ist es ja auch bei der Einstellung zur Vernichtung von Behinderten.
Es ist sicher ein Verdienst Harigs diesen fast eine ganze Nation umfassenden Konsens zu beschreiben und es ist auch eine Leistung des Schriftstellers, so vorbehaltlos den Leser in die erschreckende Selbstverständlichkeit dieses kollektiven Wahns einzuführen.[91]
Der Leser fragt sich möglicherweise: „Hätte man anders reagiert, wenn man von klein auf auf Gehorsam, auf Untertänigkeit und bequeme Fügung abgerichtet worden wäre?"[92]
Ohne erhobenen Zeigefinger zeigt Harig den biederen, unspektakulären alltäglichen Ablauf des ganz banalen Verbrechens.

Das weiße Pferd

Eine besondere Rolle spielt ein weißes Pferd, das Harig seiner Erinnerung nach in seiner Jugend im Hunsrück gesehen hat: „Plötzlich geschah etwas Außergewöhnliches. Ein weißes Pferd stand vor uns auf der Koppel. Unbemerkt war es geradewegs aus dem Wald auf die Wiese getreten und stand auf einmal da...".[93] Es beschäftigt den Erzähler auch

---

90 Vgl. Goldschmidt, S. 105.
91 Vgl. ebd., S. 105.
92 Ebd., S. 126.
93 W, S.33.

später noch in Tagträumen.[94] Das Pferd steht hier für die schöne Kindheit, die Harig hatte und die er gerade mit dem Hunsrück verbindet. Es kommt zu einer Wiederbegegnung mit dem Pferd, das aber nur ein anderes gewesen sein kann: „Es war Winter, der Schnee auf den Straßen war festgestampft, und dort, wo das Wasser aus den Rinnsteinen übergelaufen, quer über den Fahrdamm geflossen und gefroren war, herrschte Glätte, und es war gefährlich, die Straßenseite zu wechseln. Auf dem Weg zu Großvater ins Oberdorf, nur ein paar Schritte hinter der Bahnüberführung, wo der Fischbacher Weg beginnt, stand ich plötzlich neben dem Schimmel. Ich war keuchend um die Kurve gekommen, als ich ihn unverhofft an meiner Seite sah: Mächtig ragte er auf, er schnaubte, er dampfte, er strömte einen scharfen Geruch aus, und ich grauste mich, denn ich konnte ihm nicht ausweichen.“[95] Es ist also nicht mehr das reine weiße Pferd aus dem Hunsrück, es ist ein Arbeitspferd, das sich abmüht, aber nicht von der Stelle kommt. Der Märchenschimmel hat sich in einen realistischen Schimmel verwandelt. Schließlich bricht das Pferd zusammen, aber sein Besitzer kümmert sich um es.

Eines Tages kommt der junge Harig an das Schlachthaus und sieht, wie eben dieser Schimmel geschlachtet wird. Das tote Pferd redet scheinbar mit dem Jungen.[96]

Der Schimmel im Sulzbacher Schlachthaus ist der Hengst Falada aus dem Grimmschen Märchen *Die Gänsemagd*.[97] Er redet noch, als sein Kopf an das Tor genagelt ist und zeigt so, wer die wahre Königstochter ist. „Der Hengst spricht, und Ludwigs Schrecken ist gebannt.“[98]

Es wird deutlich, dass der „Märchenschein um das weiße Pferd verflogen“[99] und wie brüchig der Zauberschein ist.

Die Tötung des Pferdes steht wohl stellvertretend für den millionenfachen Mord an Unschuldigen, der bevorsteht.

---

94 Vgl. ebd., S. 36-37.
95 W, S. 41.
96 Vgl. ebd., S.45.
97 Brüder Grimm: Die Gänsemagd, in : Kinder- und Hausmärchen, Bd.2. Göttingen 1857, S. 13-19.
98 Gerhard Schmidt-Henkel: Ein Souverän der Dichtungsgattungen untertan dem Märchen, S. 216, in: Sprache fürs Leben, Wörter gegen den Tod. Ein Buch über Ludwig Harig. Hrsg. Von Benno Rech. Blieskastel 1997, S. 213-224.
99 Lenz, S.48.

Kriegsbegeisterung

Gleich mehrfach wird erwähnt, dass sich der junge Harig auf den Krieg freut: „Nur die Absicht des Führers des Führers, mit seinen Armeen in die Weiten des Ostens auszuziehen, um Land zu erobern, begriff ich und fand sie einleuchtend. Schade, daß wir noch zu jung sind, dachte ich, wie schön wäre es doch, wenn wir die braunen Jungvolkuniformen ausziehen und in den grünen Soldatenrock schlüpfen könnten, wenn wir den stumpfsinnigen Ordnungsdienst [...] beenden und den Dienst mit Maschinengewehr und dem Flammenwerfer würden aufnehmen dürfen."[100]

Diese Kriegsbegeisterung wurde durch Sport und paramilitärische Ausbildung geweckt : „Laufen und Springen, Radfahren und Handgranatenwerfen hatten wir längst gelernt, wir wußten, wie man sich tarnt und vor dem Feind anschleicht, wir konnten eine Kochstelle bauen und mit dem Luftgewehr schießen, und wenn's darauf ankam, waren wir sogar imstande, Klimmzüge und eine Bodenrolle zu machen."[101]

Deutlich auch die Empfindungen nach dem Beginn des Krieges: „Eine Gier nach Abenteuern steckte uns in Brand, wir glühten, [...] wir hatten Feuer gefangen für den Krieg."[102]

Und der junge Harig gibt sich seinen Gedanken hin: „O wie gern würde ich ein Gewehr ergreifen, dachte ich, wenn ich doch bloß etwas älter wäre! Wie schön wäre es, die Uniform des Soldaten zu tragen, ein Gewehr in der Faust zu halten, dachte ich wie schon eine Woche zuvor im Zeltlager."[103]

---

100 W, S. 115.
101 Ebd., S.115.
102 Ebd., S. 128.
103 Ebd., S.128.

Der Antisemitismus am Beispiel Kapitel 9 *Juda verrecke!*

Harig hört die Radiomeldungen, in denen von letzten Siegen berichtet wird, wie der Schlacht bei Charkow.[104] Man hört auch von der Liquidierung des Warschauer Ghettos.

Das Warschauer Ghetto wurde von den deutschen Besatzern als Sammellager für deutsche und polnische Juden errichtet. Es lag im Stadtzentrum von Warschau und hatte eine Fläche von nur 3,1 Quadratkilometern, worauf 1941 etwa 146000 Bewohner zusammengepfercht waren. Es diente mit der Zeit hauptsächlich als Sammellager für die Deportationen in das Vernichtungslager Treblinka. Das Ghetto wurde ab Juli 1942 schrittweise aufgelöst und die Juden in das Vernichtungslager Treblinka geschickt.

Am 19. April 1943 begann die Jüdische Kampforganisation einen mehrere Wochen andauernden Kampf gegen die deutschen Besatzer. Zu dieser Zeit leben keine 100000 Menschen mehr im Ghetto. Der Aufstand wurde bis Mai 1943 von der Waffen-SS brutal niedergeschlagen. Das gesamte Ghetto wurde niedergebrannt, alle Bewohner erschossen oder deportiert.

Als Harig und seine Mitschüler von der Nachricht hören, dass Waffen-SS mit Flammenwerfern und Panzerspähwagen ins Ghetto vordringen, stehen sie auf und singen das Horst-Wessel-Lied.[105] Hier zeigt sich also das Einverständnis mit den antisemitischen und mörderischen Aktionen und Harig bekennt: „Jetzt, dachten wir, jetzt wird auch diesen Polackenjuden das Fell über die Ohren gezogen."[106] Die Abwertung der Juden zu Schlachtvieh wird in diesem Satz deutlich.

Harig schaut in die Vergangenheit. Es hieß, dass die Juden unser Unglück seien. Aber Harig kannte Juden. Freundliche Menschen und angesehene Mitglieder der Gesellschaft. Der Knabe fragt sich, ob denn diese Menschen unser Unglück sein könnten.

---

104 Harig meint hier die 3. Schlacht von Charkow. Nach der Niederlage von Stalingrad konnte die Rote Armee kurzfristig Charkow in der Ukraine einnehmen. Die Stadt wurde dann von der Wehrmacht zurückerobert.
105 Es handelt sich um die Parteihymne der NSDAP.
106 W, S. 185.

Er beschreibt, wie es in Levys Kleidergeschäft zugeht, wo seine Mutter immer mit ihm einkauft.

Herr Rothenberg, der dort arbeitet, ist auch Jude. Er wurde im 1. Weltkrieg an der Ferse verwundet und lahmt in bizarrer Gangart durch das Geschäft.[107]

Hier gibt uns Harig, wohl mit Absicht, einen Hinweis: Diese Juden sind auch Deutsche und sie haben auch im 1. Weltkrieg für Deutschland gekämpft. 12000 Deutsche jüdischer Religion sind im 1. Weltkrieg für Deutschland gefallen. Fast 100 000 jüdische Soldaten nahmen auf deutscher Seite am Weltkrieg teil. Obwohl es im wilhelminischen Zeitalter einen unterschwelligen Antisemitismus gab, so fühlten sie sich doch als Deutsche.

Herr Rothenberg wird aus der Sicht des Kindes Ludwig Harig als freundlicher Mann beschrieben, der einer Verkäuferin die Rolle hält oder einem Lehrmädchen eine Messelle vom Boden aufhebt und er kommt zu dem Schluss, dass Herr Rothenberg wohl nicht unser Unglück sein kann, wie es in dieser Zeit so häufig hieß.

Und dann Jahre später, nach der Lektüre antisemitischer Literatur, sagt der junge Harig etwas ganz anderes: „Was war mit Herrn Wallenstein, und was war mit Herrn Rothenberg? Waren sie nicht beide Kaufleute wie der raffgierige Shylock in Venedig? Doch Herr Wallenstein und Herr Rothenburg, die Sulzbacher Juden hatten sich verstellt, es konnte gar nicht anders sein."[108]

Hier wird also das alte Stereotyp des raffgierigen Juden gebraucht, das auch im *Kaufmann von Venedig*[109] eine Rolle spielt.

Außerdem fragt er sich, ob es nicht tief blicken lasse, dass Herr Rothenberg sich nach jeder Messlatte bücke, die ein Lehrmädchen fallen ließe. Hier wird also Herr Rothenberg unterstellt, er versuche mit den jungen Mädchen anzubändeln.

Es lässt sich also festhalten, dass der junge Harig eine Entwicklung hin zum Antisemiten durchgemacht hat.

---

107 Vgl. ebd., S. 186.

108 Ebd., S. 190 f.

109 *Der Kaufmann von Venedig* ist ein Theaterstück von Shakespeare. Der jüdische Geldverleiher Shylock verlangt, falls der Schuldner das geliehene Geld nicht zurückzahlen kann, ein Pfund Fleisch aus dessen Körper.

Ludwig Harig muss ein Referat über das Buch *Rassenkunde des jüdischen Volkes* von Hans F.K. Günther[110] schreiben. Darin ist auch die Rede von der „Judennase", wie sie zu dieser Zeit oft in Karikaturen zu sehen ist. Harig erinnert sich, dass schon in Wilhelm Buschs *Plisch und Plum* ein Jude mit dieser auffälligen Nase abgebildet ist.

Harig schlussfolgert: „Von nun an saß ich Abend für Abend im Gras und war mir immer sicherer, wer nun die Höheren, die Nützlichen, die Auserwählten seien. Wir Deutschen."[111]

Die Lektüre der Rassentheorien hat also eine Wirkung auf den Jungen. Er fühlt sich überlegen.

Das Buch von Günther enthält auch die Behauptung, dass man die Juden am Geruch erkenne. Sie röchen mattsüßlich.

All diese Informationen verunsichern den Jungen: „Tagsüber lief ich herum, als sei ich von einer Stimme getrieben...".[112]

In dem Jungen setzt sich das Zerrbild eines Juden fest: „...Er stahl nicht, nein, er betrog; er unterschlug nicht, nein, er erpreßte; er trieb keine Unzucht mit Kindern, nein, er verbreitete lieber unzüchtige Schriften und pflegte den Mädchenhandel, und Dr. Günther erzählt, der deutsche Michel sei vielleicht roher und gewalttätiger, er raube und morde zwar, doch niemand könne ihm vorwerfen, er sei berechnend wie ein Jude."[113]

Dr. Günther wirft in seinem Buch die sogenannte Judenfrage auf, denn sei es nicht besorgniserregend, dass dieses Rassengemisch sich im deutschen Volk eingenistet habe?[114]

Und er gibt auch die Antwort: Die klare Scheidung der Juden von den Nichtjuden sei die Lösung der Judenfrage.

Harig erwähnt an dieser Stelle das „Gesetz zum Schutze des deutschen Blutes und der deutschen Ehre."[115]

---

110 Hans Günther (1891-1968) war ein Rassentheoretiker und gilt als einer der Urheber der nationalsozialistischen Rassentheorie.

111 W, S. 194.

112 Ebd., S. 198.

113 Ebd., S.199.

114 Vgl. ebd., S.201.

115 Die Nürnberger Gesetze gaben der rassistischen und antisemitischen Ideologie der Nationalsozialisten ihre juristische Grundlage. Darunter fällt das am 15.September 1935 erlassene „Gesetz zum Schutze des deutschen Blutes und der deutschen Ehre." Es verbot die Eheschließung und den Geschlechtsverkehr zwischen Juden und Nichtjuden. Es sollte der „Reinhaltung des deutschen Blutes" dienen. Zuwiderhandlungen wurden nur für den Mann, egal ob Jude

In seinem Referat hat der junge Harig die Aussagen von Günther ganz verinnerlicht: „Ich nahm den Mund voll. Ich käute wieder. Ich spuckte es aus. Ich suhlte mich in extravaganter Wortwahl und wußte nicht einmal, was ich sprach." Durch die Anapher „Ich" wird deutlich, wie sehr sich der Junge in das Thema hineinsteigert. Die ersten drei Sätze dieses Zitates sind als Parallelismus gestaltet, um zu verdeutlichen, wie sehr Harig sich aufplustert.

Harig zitiert das geheimgehaltene Wannsee-Protokoll[116], das festlegt, dass die Juden im Rahmen einer „Endlösung" im Osten durch Zwangsarbeit in ihrer Zahl vermindert und der Rest entsprechend behandelt werden müsse, wobei darunter die Ermordung zu verstehen ist.

Auch Josef Goebbels[117] hat die Absicht zur Ermordung in seinem Tagebuch festgehalten, wie Harig erwähnt.

Die Nationalsozialisten benutzten für die Vernichtung des europäischen Judentums das Wort „Endlösung."

Harig selbst sinniert über seine Mitwisserschaft: „Was sollten wir uns vorstellen unter einer Endlösung? Wir wußten es nicht und wußten es dennoch."[118] Diese Aussage ist interessant. Tatsächlich war es damals so, dass die Reichsführung die Ermordung der Juden auch gegenüber der eigenen Bevölkerung geheim halten wollte. Immer wieder allerdings sickerten Informationen und Gerüchte durch, da viele Täter und Helfer am Holocaust[119] beteiligt waren. Nichtwissen und das Nicht-wissen-wollen gingen ineinander über.

Von Soldaten hatte man gehört, dass die Juden in Verbrennungsfabriken zu Seife verarbeitet würden.[120] Harig berichtet, dass die Jungen beim

---

oder Nichtjude mit Zuchthaus bestraft, so dass die Frau kein Zeugnisverweigerungsrecht hatte.

116 An der Wannseekonferenz in einer Villa am Großen Wannsee in Berlin kamen am 20.Januar 1942 hochrangige Vertreter der NS-Reichsregierung und der SS-Behörden zusammen. Der erhaltene Protokolltext zeigt die Absicht zur Ermordung aller europäischen Juden.

117 Joseph Goebbels (1897-1945) war einer der engsten Vertrauten Hitlers und Reichspropagandaminister.

118 W, S.204.

119 Als Holocaust (von altgriechisch: „vollständig verbrannt") wird der nationalsozialistische Völkermord an 5,6 bis 6,3 Millionen europäischer Juden bezeichnet.

120 Vgl. W, S. 204.

Duschen Witze über die Seife machten, die aus Juden bestehe.[121] Und er stellt eine Verbindung zum Geschäft Levy in Sulzbach her: „Ja, waren nicht vielleicht Herr Wallenstein und Herr Rothenberg inzwischen selbst zu Schwimmseife verarbeitet worden und lagen jetzt, hübsch verpackt, in ihrem ehemaligen Laden zum Verkauf aus?[...]] Es hat ihnen wohl nichts genutzt, daß sie diese Gaben des umsichtigen Auftretens, der gewandten Rede, der delikaten Einfühlung entwickelt hatten, um ihre brave deutsche Wirtswelt zu betrügen, dachte ich nun."[122]

Hier benutzt Harig das Stereotyp vom Wirtsvolk, das einen Schmarotzer[123] ertragen muss. Da man Schmarotzer in der Natur besser entfernt, wird hier schon durch die Sprache deutlich, dass der Gedanke der Vernichtung bei den Rassentheoretikern, die diesen Begriff auch benutzen, naheliegt.

Die Jungen schreiben mit Kalkfarbe auf die Häuserwende der Stadt. Harig schreibt „Die Juden sind unser Unglück", aber Fritzchen Meier geht viel weiter und schreibt: „Juda verrecke." Juda ist einer der zwölf Stämme Israels. Von Juda leitet sich der Name Judäa und Juden ab. Diese Parole zeigt also eine deutliche Vernichtungsabsicht gegen ein ganzes Volk.

Wie bereits an derer Stelle ausgeführt, zeigt sich der Vater aber keineswegs als Antisemit. Er sagt, die Juden seien Menschen wie wir.[124] Das enttäuscht den Sohn sehr.

Der Krieg kommt nun nach Deutschland und Frankfurt wird bombardiert. Als die Jungen dort auf einen Juden treffen und einer zu Kurt Groth sagt, den könne man ungestraft anspucken, rührt sich Kurt nicht vom Fleck.[125] Diese Begebenheit zeigt zum einen die Verrohung der Hitlerjungen, aber auch bei Kurt Groth, dass es Zweifel gibt und noch ein Stück Menschlichkeit erhalten geblieben ist.

Bezeichnend für dieses Kapitel, aber auch für andere Stellen des Romans ist, dass Harig bestimmte Themenkomplexe durch Fragen hervorhebt. „Warum aber sollten die Juden unser Unglück sein? dachte ich als Kind,

---

121 Vgl. ebd., S. 204.
122 Ebd., S. 204 f.
123 Ein Schmarotzer ist ein pflanzlicher oder tierischer Organismus, der sich von einem anderen Lebewesen ernährt.
124 Vgl. W, S. 205.
125 Vgl. ebd., S. 207.

wo doch Mutter am liebsten in Levys Kleidergeschäft einkaufte...".[126] Durch diese Fragestellung wird das Verbrecherische dieser Losung offenbart. Sie steht auch in bemerkenswertem Widerspruch zu der Einstellung, die der Hitlerjunge Harig später gegenüber den Juden hegt. „Dr. Günther sprach, er sprach gnadenlos. Dr. Günther sprach zu mir in deutscher Fraktur."[127] Hier benutzt Harig eine Anapher, um deutlich zu machen, welch gewaltigen Einfluss dieser Dr. Günther auf ihn hat.

Die Metapher der Edelsteinkette[128] nutzt Harig, um zu zeigen, dass er seine neu gewonnenen Erkenntnisse an seine Mitschüler weitergeben will und dass ihm diese Einsichten, oder was er dafür hält, wichtig sind.

Die moralische Schuld
Der Erzähler als Mitläufer oder Mittäter

Der Erzähler stellt die eigene Schuld aufgrund seines jungen Alters und des Zwangs im Rahmen des Systems infrage.[129]

Bereits in der Kindheit hat Harig ein Bewusstsein für ein zumindest grundsätzliches Fehlverhalten.[130]

Das Problem Harigs aus der Perspektive des Jahres 1989 ist, dass ihm die Mitschuld seiner Familienmitglieder bewusst ist. Dass er seine Überzeugungen aus seiner Kindheit mit dem Ende des Krieges plötzlich abstreift, beschäftigt ihn.[131] Gleichzeitig ist da auch die Einsicht, an den Ereignissen nichts mehr ändern zu können.[132]

„Auch heute, fünfundfünfzig Jahre später, weiß ich nicht, wohin ich unterwegs bin: Ich fahre durch einen Brodem aus Dunst und Dämmer, die Sonne zerreißt Tauschleier und Nebelstreifen, doch was kommt darunter hervor?"[133] Hier wird deutlich, dass Harig von einer lebenslangen Orientierungslosigkeit ergriffen ist, die für ihn zentrales

126 Ebd., S. 186.
127 Ebd., S. 194.
128 Vgl. ebd., S. 194.
129 Vgl. ebd., S.183, 203.
130 Vgl. ebd., S.79.
131 Vgl. ebd., S. 59, S. 100, S. 240-241.
132 Vgl. ebd., S.273.
133 W., S. 29.

Motiv für die Aufarbeitung der Ereignisse in Form eines Romans ist. Der Roman ist auch Ausdruck einer moralischen Selbstverpflichtung Harigs. Zusammenfassend kann man sagen, dass sich Harig nicht im juristischen Sinne schuldig gemacht hat, aber im moralischen Sinne.

Am Waldrand von Hülen

In mehreren seiner Werke hat Harig vom Waldrand von Hülen erzählt. Aber er änderte und erfand Neues.
Im 11. Kapitel von *Weh dem, der aus der Reihe tanzt* erzählt der Autor die Hülener Geschichte auf zwei Seiten. Harig und Peter Zwick schauen zu, wie sich die Wolken bewegen. Harig sagt: „Am Waldrand bei Hülen fühlte ich mich zum erstenmal frei."[134] Vergangen ist das „1000-jährige Reich", vorbei die Angst vor Tod und Krieg. Und dann sagt er: „Ich hätte nicht gedacht, dass Freiheit etwas so Banales sein würde."[135]
Es erstaunt, wie schnell die Umstellung erfolgt: „In einem Rausch von Arbeit nutzten wir die wiedergewonnene Zeit, wir krempelten die Ärmel hoch[...] wir brauchten nicht mehr in der Reihe zu stehen, brauchten keine Fahne mehr zu grüßen...".[136]

Der Triebenberg

Aus den Indianerspielen der Jungen wird blutiger Ernst. Harig gestaltet dies durch eine Gegenüberstellung von Spiel und Krieg am gleichen Ort – dem Triebenberg.
Dort spielt das Jungvolk Kriegsspiele: „Ein Ringen und Raufen begann, wir prügelten uns und rissen uns gegenseitig die Schnüre von den Hemden. [...] Es war Krieg, ein letztes Mal wälzten wir uns als Jungvolkpimpfe auf den Böschungen der Bunker der Bunker, die fünfeinhalb Jahre später von amerikanischen Panzerkanonen zusammengeschossen werden sollten."[137]

---

134 Ebd., S. 235.
135 Ebd., S. 235.
136 Ebd., S. 240.
137 Ebd., S. 132.

Dann erfolgt ein Zeitsprung in die Zukunft. Harig beschreibt die Eroberung der deutschen Stellungen auf dem Triebenberg am 17. März 1945. Und dann in einem weiteren Zeitsprung erfolgt, wahrscheinlich in den 80er Jahren ein Sommerspaziergang zu den Gräbern der Verteidiger: „Nun liegen ihre Gebeine in saarländischer Walderde, weit, sehr weit von daheim...".[138] Aus den Kriegsspielen der Jugend ist also bald der wirkliche Krieg geworden. Gerade diese Gegenüberstellung macht deutlich, was Krieg wirklich bedeutet.

Nach dem Krieg

Über sich selbst sagt Harig, dass er nicht genau deuten konnte, von was er befreit war und wozu: „Ich war frei, das war genug."[139]
Er ergreift die neuen Möglichkeiten: „Im ersten Jahrzehnt nach dem Krieg dröhnte die Ouvertüre der neuen Möglichkeiten laut in den Köpfen. Denn alles war möglich." Harig denkt also nicht viel über die Vergangenheit nach, sie belastet ihn zunächst nicht. Das wird erst mit dem Alter kommen.
Viele, die früher während des Nationalsozialismus Karriere machten, sind wieder obenauf.

---

138 Ebd., S. 134.
139 Ebd., S. 245.

Die Bedeutung der Kapitelüberschriften

Die jeweiligen Titel über den Kapiteln stehen für das folgende zentrale Thema bzw. Motiv. Dies wird in einem prägnanten Zitat zusammen gefasst. Das Thema kann sich dennoch über mehrere Kapitel hinweg ziehen.

I Weh dem, der aus der Reihe tanzt

Erläuterung der Motivik: Es gilt das Prinzip von Befehl und Gehorsam auf allen gesellschaftlichen Ebenen. Dies beginnt schon mit der Einschulung. In der Sozialisation des Erzählers spielt die Uniformität eine große Rolle.

II Es war einmal ein weißes Pferd

Wir finden hier eine Erzählung, die Märchenelemente besitzt. Es passt zum jungen Harig, der gerne Geschichten erzählt.[140] Das Adjektiv „weiß" steht für Unschuld und Unberührbarkeit.
Das Pferd ist also ein märchenhaftes Symbol aus seiner Kindheit, das später wieder aufgenommen wird.

III Nix wie hemm

Indem dieser Satz im saarländischen Dialekt ausgedrückt wird, wirkt er authentisch. Er steht für die Saarabstimmung 1935 und für ein Gefühl, das die meisten Saarländer so empfanden.

IV Unsere Fahne flattert uns voran

Es geht um die Indoktrination der Gesellschaft dargestellt durch das Symbol der Fahne, die in der HJ eine große Rolle spielt.

V Wer nicht arbeitet, der soll auch nicht essen

---

140 Vgl. ebd., S. 40.

Es geht um die konservative Prägung des Erzählers durch den Vater. Das 10-jährige Kind wird überfordert.[141]

VI *Siehst du im Osten das Morgenrot*

Es handelt sich um ein in der Zeit des Nationalsozialismus sehr verbreitetes Lied, das das Volk zu den Waffen ruft. Harig berichtet von seiner eigenen Kriegsbegeisterung, die bei Indianerspielen und in der Hitlerjugend geschürt wird.

VII *Seines Glaubens leben*

Auch in der Kirche erfolgt eine Indoktrination durch die „Deutschen Christen". Harig verknüpft kirchliche und weltliche Abläufe hinsichtlich der Meldung über den Kriegsverlauf.[142]

VIII *Ein Pawlowscher Hund*

Beschrieben wird ein konditionierter Autismus ohne jegliches Reflexionsvermögen. Die Fahne als Symbol wird zum Impulsgeber.
IX *Juda verrecke*

Die Entwicklung des eigenen Antisemitismus durch Lektüre wird deutlich. Es erfolgt ein Eingeständnis der teilweisen Mitwisserschaft um den Holocaust.

X *Wenn alles in Scherben fällt*

Die militärische Niederlage, die sich in allen Bereichen des Lebens widerspiegelt, wird beschrieben. Die Notwendigkeit einer vollkommenen Zerstörung und damit Reinigung als Voraussetzung für einen Neuanfang wird deutlich.

---

141 Vgl. ebd., S .94.
142 Vgl. ebd., S. 152.

XI *Immerlebender Frühling*

Die Natur ist der Bereich, der von all der Zerstörung ausgenommen ist. Die Natur steht für Neuanfang.

XII *Die Löwen von Saint Irénée*

Der Heilige Irenäus von Lyon wurde im Amphitheater von Lyon den Löwen vorgeworfen. Der junge Student Harig und seine Kommilitonen fühlen sich stark wie die Löwen. Der Aussöhnungsprozess wird problematisiert.

Die Intention Harigs oder „Was will uns der Roman sagen?"

Sicher kann man davon ausgehen, dass Harig vor Ideologisierung und vor Indoktrination warnen will. Dies gelingt ihm dadurch, dass er die Mechanismen genauestens beschreibt, die auf die Kinder und Jugendlichen einwirken. Dies geschieht besonders eindrücklich, weil er ja selbst Betroffener und Zeitzeuge war. Er warnt auch vor der Verleugnung des eigenen Ichs und schont sich dabei selbst nicht.

Der Roman ist sicher aber auch ein Stück Selbsttherapie, eine Auseinandersetzung mit der eigenen Schuld als Rädchen im Getriebe des nationalsozialistischen Unrechtsstaates.

Kolonne deutscher Kriegsgefangener bei Stalingrad [viii]

2. Analyse

Gegensätzlichkeit als Strukturprinzip des Romans

Auffallend ist, dass man im Roman bestimmte Gegensatzpaare findet.
So geht es etwa um die Politik im relativ kleinen Saargebiet, die durch
die Saarabstimmung 1935 und politische Feindschaft geprägt ist. Zum
anderen kommt aber auch die großdeutsche Politik ins Spiel, die in die
Katastrophe führt.
Zu Beginn des Romans begegnet uns Frankreich als Erbfeind, der das
Saargebiet besetzt hält und von Rache getrieben scheint. Zum Ende des
Romans hat der Erzähler deutsch-französische Freundschaften
geschlossen und auch sein Vater, der im 1. Weltkrieg gegen die
Franzosen kämpfte, ist froh darüber. Hier wird auch im Kleinen eine
Versöhnung zweier Staaten vorweggenommen.[143]
Der Gegensatz zwischen behüteter Kindheit und den Schrecken des
Krieges wird offensichtlich.
Es gibt für Harig persönliche Wendungen (HJ, Idstein) und es gibt im
Großen die geschichtlichen Wendungen (Saarabstimmung, Krieg,
Kriegsende).
Da gibt es auch das Leben in den Vorfeldorganisationen der Partei und
der Wunsch, Soldat zu werden und auf der anderen Seite das Leben als
Student.
Die große Macht der Verführung durch eine verbrecherische Ideologie
wird deutlich und andererseits die Ohnmacht des Einzelnen.

---

143 Die deutsch-französische Freundschaft ist das Ergebnis der Politik beider
Länder. In wichtigen Fragen stimmt man sich ab. Als schulpolitische
Maßnahmen wären zu nennen: Deutsch-Französisches Jugendwerk mit
Schüleraustausch, Erasmus-Programm.

Der Erzähler

Man unterscheidet die Erzählsituationen auktorial, personal und Ich-Erzähler.[144]

Auktorial: Der Erzähler tritt als Vermittler der Geschichte in den Vordergrund. Er ist allwissend.

Personal: Das Geschehen wird von einer Person geschildert, die selbst im Text vorkommt. Der Erzähler ist nicht allwissend. Er weiß zum Beispiel nicht, was andere denken oder an anderen Orten gerade tun.

Ich-Erzähler: Der Erzähler ist mit der Hauptfigur der Erzählung meist identisch. Der Ich-Erzähler kann mehr oder weniger am Geschehen beteiligt sein. Typisch sind: Direkte Rede, Darstellung von Gefühlen, Darstellung von Meinungen.

Wir haben es hier mit einem Ich-Erzähler zu tun. Charakteristisch für ihn ist, dass er Einsicht in sein Verhalten zeigt, ohne zu moralisieren.

Der Erzähler nutzt den gelegentlich inneren Monolog, um seine Reflexionen auszudrücken. Beim inneren Monolog handelt es sich um eine Form des Erzählens, die in der Literatur zur Vermittlung von Gedankenvorgängen eingesetzt wird. Typisch dabei ist die direkte Rede, die aber nicht wirklich ausgesprochen und von anderen nicht gehört werden kann. Die Figur der Erzählung spricht sich im inneren Monolog direkt an, fragt sich oder macht sich Vorwürfe. Hier unterscheidet sich der innere Monolog vom Bewusstseinsstrom (stream of consciousness), der eine scheinbar ungeordnete Folge von Gedanken wiedergibt.[145]

Der Erzähler schreibt meist im Präteritum, nutzt aber den Tempuswechsel ins Präsens, um z. B. seine Erinnerungserkundungen zu beschreiben: „Es ist ein heißer Sommersonntag. Eichelhäher krakeelen, Moskitos schwirren...".[146]

---

144 Es handelt sich um das Modell von Franz Karl Stanzel, das jedoch umstritten ist.

145 Ein bekanntes Beispiel ist *Ulysses* von James Joyce.

146 M, S. 132.

Rhetorische Figuren

Der Erzähler nutzt zahlreiche rhetorische Figuren, die hier nur beispielhaft aufgezählt werden sollen und ihre Wirkung erst im Textzusammenhang entfalten.

Personifikation (Tiere, Pflanzen, Gegenstände haben menschliche Eigenschaften): „die unbarmherzige Lehre der Steine"[147], „Die Heldenfanfaren sollten es sein, die uns vorwärts riefen, vorwärts drängten, vorwärts trieben..."[148]

Correctio (lat. Berichtigung): „es war nützlich, ja es war heilsam"[149]

Neologismus (Wortneuschöpfung): „Franzosenkittel"[150], „Fahnenrausch"[151]

Vergleich: „stach wie eine Ahle"[152]

Anapher (Wiederholung eines Wortes zu Beginn von Sätzen oder Teilsätzen): „Kein Kamerad, kein Freund, kein Nächster"[153], „er war überzählig, er war überflüssig"[154], „Es schimmerten her die verblichenen und zerschlissenen Banner der alten Kämpfer, es blitzten auf die seidenen und gestickten Standarten der Eliteformationen;.."[155], „Wir drängten uns vor dem Volksempfänger, wir lauschten."[156], „Nichts passierte. Nichts bewegte sich. Nichts bedrängte mich."[157],

Akkumulation (mehrere zueinander in Beziehung stehende Wörter werden aneinandergereiht):

---

147 Ebd., S. 11.
148 Ebd., S. 81.
149 Ebd, S. 15.
150 Ebd., S. 15.
151 Ebd., S. 80.
152 Ebd., S. 11.
153 Ebd., S. 13.
154 Ebd., S. 13.
155 Ebd., S. 81.
156 Ebd., S. 126.
157 Ebd., S. 183.

„Sturmfahnen, Streitfahnen, Kriegsfahnen"[158]

Klimax (stufenartige Steigerung von Ausdrücken): „...damit sie durch den Dreck gezogen, zertreten, vernichtet werde?"[159], „Es regnete. Es regnete solange wir im Lager waren. Es regnete den ganzen Sommer über."[160], „Wochen verstrichen, Monate verrannen, Jahre verrauchten"[161]

Metapher: „wir hatten Feuer gefangen für den Krieg"[162]

Parallelismus (paralleler Satzbau): „Warum noch hadern? Warum noch zweifeln?"[163], „Worte begleiteten die Waffengänge, Worte flankierten die Vorstöße"[164]

Antithese (Entgegenstellung): „Heimtückischer Überfall. Ehrbare Gegenwehr"[165]

Zur Stilistik

Harig benutzt gerne und oft Metaphern. Dabei schießt er aber, meiner Meinung nach, öfter mal über das Ziel hinaus. Er zieht die Bedeutung der Metapher krampfhaft auf immer neue Bedeutungsebenen, so dass sie nicht mehr glaubhaft, manchmal auch ein wenig komisch wirkt. Als Beispiel sei die Verwendung von St. Georg genannt. Ihn beschreibt Harig als deutschen Streiter.[166] Aber dann spinnt er diese Metapher im Rahmen des deutschen Vormarsches in Griechenland immer weiter, wobei es etwas blumig wird: „Auf Triumphwagen zog St. Georg...".[167] Und kurz darauf wird es dann noch blumiger: „Ein halbes Jahrhundert ist

---

158 Ebd., S. 80.
159 Ebd., S. 83.
160 Ebd., S.114.
161 Ebd., S. 183.
162 Ebd., S. 128.
163 Ebd., S. 128.
164 Ebd., S. 130.
165 Ebd., S. 130.
166 Vgl. ebd., S. 152.
167 Ebd., S. 153.

vergangen, der Drache ist erlegt.[...] Es waren Saint-Georges aus Lancashire und Nebraska, und unser kindlicher Wahn ging mit dem letzten Feuerstoß des Lindwurms in Rauch auf."[168]

Ein weiteres Beispiel: „Noch bevor die Suppe auf den Tisch kam, die Pellkartoffeln in den Schüsseln dampften, das Krautgemüse seinen Kümmeldunst über die Tische breitete, hatten wir uns im Lied geschworen, die Fahne hoch zu halten, die Reihen dicht zu schließen, in ruhigem festen Tritt zu marschieren – und das Essen schmeckte streng und spließig auf der Zunge, als sei es in Petroleum gekocht, mit Eisenspänen gewürzt. Es knirschte zwischen den Zähnen, ein Streichholz am Mund hätte uns alle in Brand gesteckt. Wir waren Feuer und Flamme."[169] Wir haben es hier mit einem übertriebenen Einsatz von Metaphern zu tun. Der Autor sucht das Spektakuläre, was gründlich misslingt. Es lassen sich noch weitere Beispiele für diesen eigenwilligen Stil finden.

---

168 Ebd., S. 154.
169 Ebd., S. 187.

Ludwig Harigs autobiographisches Erzählen

Harigs Erzählweise ist weit vom historischen oder dokumentarischen Berichten entfernt.[170] Seine Fakten sind an die Erinnerung gebunden. Er verfälscht nicht oder verändert die Fakten beliebig, sondern verwandelt sie aufgrund persönlicher Wertung. Der Schriftsteller ist außerdem bestrebt, ein Sprachkunstwerk zu schaffen, so dass diese Wortwirklichkeit über das Mitgeteilte hinausgeht. „Erinnern setzt also also nicht die krude Vergangenheit gegenwärtig, es erschafft eine gemäß dem Naturell des Autors zuversichtliche Vorstellung von ihr, aus dem heutigen Bewusstsein."[171] Ludwig Harig beschreibt also den Hitlerjungen Harig aus dem Gedächtnis und dem Empfinden des älteren Mannes. Er spiegelt die Erinnerung in dem Naturell des Älteren.

Bei dieser Erzählweise wird auch die Verarbeitung des Erlebten berührt. Der Autor, der sich zum eifrigen Nationalsozialisten entwickelte und sich aber wieder löste, macht deutlich, wie er mit dieser Schuld fertig werden wollte: durch Vergessen und Verdrängen.

Dennoch geht Harig gewissenhaft vor. Er betreibt Nachforschungen. So sucht er nach dem Verbleib von René und er besucht Idstein. Diese Spurensuche unternimmt er, um sich an die Örtlichkeiten zu erinnern und zum Zweck der Überprüfung seiner Erinnerung.[172]

Erinnerung zielt bei Harig nicht auf die tatsächliche Vergangenheitsimpression, sondern dreht sich vor allem um das Vergessene.[173] Erinnerung geht fehl, die Textspiele kreisen um leere Stellen. Der Erzähler muss sich immer wieder selbst fragen, ob es so war oder ob er einer Selbsttäuschung aufsitzt.

Erinnern ist bei Harig eher das Erschreiben als das Beschreiben seiner Autobiographie.[174] Der Erzähler kann nicht auf feste Daten zurückgreifen, sondern er muss in der Erinnerung suchen.

---

170 Vgl. Resch, S. 54.
171 Ebd., S. 55.
172 Vgl. ebd., S. 56.
173 Vgl. Ralph Köhnen: Placet experiri. Zur Poetologie Ludwig Harigs, S. 21, in: TEXT + KRITIK. Heft 135. Ludwig Harig. München 1997, S. S. 17-25.
174 Vgl. ebd., S. 22.

Der Erinnerungsfaden ist schwer zu verfolgen und wenn der Erzähler meint, die Erinnerung zu haben, so löst sie sich immer wieder in Bilder auf.
Gerade die fehlgehende Erinnerung, das Kreisen um etwas Vergessenes bringt neue Bilder hervor, die interessant sind. Es geht hier um literarische Selbstreflexion.[175]

Das erzählende Ich und das erzählte Ich

Wenn man gerade in einer Autobiographie über einen Ich-Erzähler spricht, dann gilt es, zwischen dem erzählenden Ich dem erzählten Ich zu unterscheiden.
Das **erzählende Ich** ist dabei das Ich außerhalb der Erzählung, das heißt der Erzähler, der die Geschichte in der Ich-Form erzählt.
Das **erzählte Ich** dagegen ist das Ich innerhalb der Erzählung. Es handelt sich also um die Figur, die handelt.
Wichtig ist das Verhältnis zwischen diesen beiden „Ichs". Möglicherweise sind beide in der gleichen Zeit angesiedelt oder das erzählende Ich ist in einer späteren Zeit angesiedelt.
Sind beide in der gleichen Zeit angesiedelt, dann wird von aktuellen Ereignissen berichtet und das Präsens wird verwendet. Der Erzähler gibt direkt an, was er zum Beispiel tut. Er weiß nicht, was später passiert. Das erzählende Ich und das erzählte Ich verschmelzen miteinander.

Wenn das erzählende Ich sich aber in einer späteren Zeit verorten lässt als das erzählte Ich, dann berichtet es von vergangenen Ereignissen. Dies geschieht meist im Präteritum. Das erzählende Ich erzählt von einem späteren Zeitpunkt aus und weiß, wie die Geschichte ausgeht. Dies ist bei *Weh dem, der aus der Reihe tanzt* der Fall.
Dabei kann er sich allerdings recht unterschiedlich verhalten:
Er hält dieses Wissen um die Zukunft bewusst zurück und beschränkt sich auf das Erleben des erzählten Ichs. Oder aber das erzählende Ich nimmt Informationen hinweg. Er erzählt also etwas, was er in der Vergangenheit überhaupt nicht wusste. Dies ist bei Harigs Roman der Fall. So erwähnt er zum Beispiel das Wannsee-Protokoll, von dem er als Jugendlicher nichts wusste.

---

175 Vgl. ebd., S. 23.

Es gibt also eine gleichzeitige und eine nachzeitige Erzählung.

Grundsätzlich lässt sich sagen, dass jeder Erzähler ein erzählendes Ich ist, also subjektiv schreibt. Daher rührt auch die Unzuverlässigkeit des Erzählers, die gerade in diesem Roman sehr ausgeprägt ist und von Harig immer wieder thematisiert wird. Das erzählte ich hingegen kann in einer Erzählung vorkommen, muss es aber nicht.

Die Unterscheidung von erzählendem Ich und erzähltem Ich lässt sich gut an der Textpassage deutlich machen, wo Harig über die Rundfunkansprache Hitlers am 1. September 1939, dem Tag des Überfalls auf Polen erzählt.

Zum einen bewertet er Hitlers Rede aus heutiger Sicht, da er seine Betonung negativ darstellt: „Und noch eine andere Stimme tönte den ganzen Tag über, sie röhrte, sie dröhnte, es war die Stimme Adolf Hitlers...“[176] Weiterhin heißt es: „...er kollerte, er quarrte, seine Stimme kippte über...“[177] Es ist davon auszugehen, dass aus der Sicht des 12jährigen Hitlerjungen die Stimme Hitlers keineswegs so unsympathisch klang.

Der junge Harig hört die unwahre Geschichte vom polnischen Überfall auf den Sender Gleiwitz. Und das erzählende Ich sagt: „Wer konnte wissen, daß SS-Leute in polnischen Uniformen ein Spiel mit uns getrieben hatten? Wer wußte es damals und hätte es uns sagen können?“[178] Der Harig von 1989 weiß natürlich um die wahren Vorgänge und gibt sie hier preis.

Man kann erzähltes Ich und erzählendes Ich deutlich unterscheiden und verschiedenen Phasen zuordnen:

Erzähltes Ich:
1933-1945
Verführung, Verdrängung, Verblendung
Mai 1945
Befreiung durch amerikanische Soldaten
Selbstbefreiung und Erleben von Freiheit

---

176 W, S. 125.
177 Ebd., S. 126
178 Ebd., S. 126.

65

1949
Genießen von Freiheit

Erzählendes Ich

Scham und Schuldbewusstsein
Schreiben als Akt der Selbstbefreiung und Selbstfindung

Erzählerprinzip: Diskontinuierliches Erzählen

Kindheit/ Jugend	Frankreichaufenthalt	Abfassungszeit des Romans
Verführung durch den Nationalsozialismus Freiheitsberaubung, später Befreiung durch die Alliierten	Erfahrung einer fremden Kultur, Beginn der Freundschaft zu Frankreich	Selbstkritik/ Anerkennung der Schuld/Selbstbefreiung

Rückwendung und Vorausdeutung

In der erzählenden Prosa[179] finden sich oft auch Rückgriffe, Rückwendungen und Vorausdeutungen des Textes. Die Zeitstruktur des Textes muss also nicht entlang der Chronologie des Erzählten geordnet sein. Es kommt vor, dass der Erzähler etwas Wichtiges aus der Vorgeschichte berichtet.

---

179 Die Erzählliteratur als Gattung wird unter dem Begriff der Epik behandelt, der vom antiken Epos abgeleitet ist. Epos meint eine breit darstellende Versdichtung über Helden und Götter, wie z.B. die *Odyssee*. Die erzählende Prosa der Neuzeit dagegen greift auf die individuelle und historische Erfahrung des Einzelnen zurück. Die prominenteste Gattung der erzählenden Prosa ist der Roman. Vgl. Benedikt Jeßing und Ralph Köhnen: Einführung in die Neuere deutsche Literaturwissenschaft. Stuttgart 2012³, S. 181.

Unter **Rückwendung oder Analepse** versteht man die Unterbrechung der Handlungsfolge, um Einschübe zu vorausgegangenen Zeitspannen einzubauen. Wenn dabei die Vorzeithandlung zum besseren Verständnis der Gegenwarts-Handlung nachgereicht wird, so spricht man von aufbauender Rückwendung.[180] Im Detektivroman gibt es die auflösende Rückwendung, die oft etwas rekonstruieren soll.

Wird nur ein einzelnes Faktum aus der Vergangenheit erwähnt, so spricht man von Rückgriff:

„Noch vor der Jahrhundertwende war Großvater vom bäuerlichen Laufersweiler nach Sulzbach ins Kohlenrevier gekommen, ...".[181]

Unter der **Vorausdeutung (Prolepse)** versteht man den Verweis auf in der Erzählchronologie noch zukünftige Ereignisse.[182]

Der Erzähler in *Weh dem, der aus der Reihe tanzt* kann die Geschichte bis zu ihrem Ausgang überblicken. Daher kann er auch in oft spannenden zukunftsgewissen Vorausdeutungen die Aufmerksamkeit des Lesers auf ein noch eintreffendes Ereignis lenken. Das begrenzte Wissen der Figuren des Romans erlaubt dies nicht.

Ein Beispiel: „Es war Krieg, ein letztes Mal wälzten wir uns als Jungvolkpimpfe auf den Böschungen der Bunker, die fünfeinhalb Jahre später von amerikanischen Panzerkanonen zusammengeschossen werden sollten."[183]

Erzählte Zeit und Erzählzeit

Zeitraffung: die erzählte Zeit ist länger als die Erzählzeit. Wenn ein Text etwa zwischen breit erzählten Ereignissen belanglose Zeiträume auslässt, dann macht er einen Zeitsprung, eine Aussparung.[184]

Wir haben hier den Fall, dass der Erzähler bis kurz nach dem Ende des 2. Weltkrieges erzählt. Danach aber folgt eine Lücke und die Handlung setzt wieder ein, wenn er die Stätten der Vergangenheit in den 80er Jahren besucht.

---

180 Vgl. Jeßing, S. 192.
181 W, S. 91.
182 Vgl. Jeßing, S. 193.
183 W, S.132.
184 Vgl. Jeßing,. S. 191.

Zur Einordnung in eine Gattung

Der Begriff der Textgattung dient zur Einordnung litararischer Werke in Gruppen. Man unterscheidet auf einer höheren Ebene zwischen Lyrik, Drama und Epik. Wir haben es hier mit einem Roman zu tun, der also der Epik, der erzählenden Literatur, zuzurechnen ist.

Man kann *Weh dem, der aus der Reihe tanzt* nicht eindeutig zuordnen. Er enthält Elemente mehrerer Gattungen.

Autobiographischer Roman

Die Autobiographie ist die Beschreibung der eigenen Lebensgeschichte aus der Retrospektive. Autor und Erzähler und Protagonist sind identisch.[185] Der autobiographische Roman bemüht sich weniger um Objektivität als die Autobiographie.
Harig arbeitet seine Vergangenheit auf. Sein Thema ist die persönliche Mitschuld. Autor, Erzähler und Protagonist sind soweit möglich identisch.

Bildungs- bzw. Entwicklungsroman

Ein Bildungsroman thematisiert die Entwicklung einer zumeist jungen Hauptfigur. Die Gattung entstand Ende des 18. Jahrhunderts in Deutschland. Der Held durchlebt eine Entwicklung, die durch seine Umwelt bestimmt wird. Es kann auch eine negative Entwicklung erfolgen. Der Entwicklungsroman ist ähnlich, aber am Ende muss nicht eine höhere Befähigung stehen.
Häufig sind in Entwicklungsromanen negative Erlebnisse, die dem Romanhelden zu neuer Erkenntnis verhelfen, zum Beispiel, dass er unerreichbare Ziele verfolgt oder schwere Fehler begangen hat. Bekannte Entwicklungsromane sind: *Der Abentheuerliche Simplicissimus Teutsch,* heute auch *Simplicius Simplicissimus* von Grimmelshausen, *Wilhelm Meisters Lehrjahre* von Goethe, *Der Zauberberg* von Thomas Mann.

---

185 Der Held eines Romans, sein Gegenspieler ist der Antagonist.

Harig unterliegt im Roman verschiedenen politischen, ideologischen , zeitgeschichtlichen, familiären und zwischenmenschlichen Einflüssen. Als Ideologie wäre der Nationalsozialismus zu nennen, der seine Kindheit und Jugend sehr prägt. Auch wurde die Rolle des Großvaters und des Vaters als familiärer Einfluss herausgearbeitet. Zeitgeschichtlich sind das Aufkommen des Nationalsozialismus und die Entwicklungen an der Saar (z.B. Saarabstimmung) ausschlaggebend. Der Protagonist gesteht sich ein, Schuld auf sich geladen zu haben.

Familienroman oder Generationenroman

Die Geschichte von drei oder mehr Generationen der Familie wird erzählt. Die erzählte Zeit überbrückt meist mehrere Jahrzehnte. Durch die familiäre Bindung der Hauptfiguren kommen bestimmte Motive häufig vor, wie zum Beispiel Generationenkonflikte. Ein berühmtes Beispiel ist der Roman *Buddenbrooks. Verfall einer Familie* von Thomas Mann.

Der Protagonist wird durch Großvater und Vater beeinflusst. Allerdings bestimmt maßgeblich der Zeitgeist die Entwicklung der Familie.

Historischer Roman

Der historische Roman ist ein teilweise fiktionales Prosawerk, dessen Handlung in einer historischen Zeit spielt. Die Ereignisse haben keinen Anspruch auf wissenschaftliche Genauigkeit.

Die historischen Ereignisse mit Schwerpunktsetzung auf die Geschichte der Saargegend werden korrekt wiedergegeben. Allerdings kommt den fiktionalen Elementen kaum eine Bedeutung zu. Sie erscheinen eher dort, wo den Erzähler die Erinnerung trügt (Beispiel René).

Gesellschaftsroman

Der Gesellschaftsroman zeigt die gesellschaftlichen Zustände seiner Zeit anhand des Schicksals einzelner Personen. Wichtige politische Umbrüche werden gelegentlich zu Kristallisationspunkten des Romans.

Wir finden diese Kristallisationspunkte schon symbolhaft in den Kapitelüberschriften angelegt. Beispielsweise weist *Nix wie hemm* auf die Saarabstimmung 1935 hin. Die sozialen Bedingungen der Zeit bestimmen das Leben des Protagonisten. Jegliche Ansätze zu einem Ausbrechen aus der Situation scheinen unmöglich.

Zusammenfassung

Der Roman erscheint als Montage van Kapiteln mit verschiedenen thematischen Schwerpunkten. Es handelt sich um eine Kombination verschiedener Romantypen. Der Autor verfolgt das Ziel, seine Biographie kritisch zu beleuchten und die historischen Ereignisse zu bewerten. Der Roman enthält auch märchenhafte Elemente (*Es war einmal ein Pferd*).

3. Historische Hintergründe

Das Saargebiet

Die Entstehung

Mit der Wirksamwerdung des Versailler Vertrages wurde ein Teil des heutigen Saarlandes, das die wichtigen Industriegebiete umfasste, vom Deutschen Reich abgetrennt. Das Saargebiet wurde für 15 Jahre dem Völkerbund zur Verwaltung übertragen, während Frankreich als Teil der Reparationen die Kohlengruben nutzen durfte.

Die Grenzen des Saargebietes wurden durch den Versailler Vertrag festgelegt und schlossen die Wohnorte der Bergleute, die in den Kohlengruben arbeiteten, mit ein. Die neue Saargebietsgrenze schnitt Städte wie St. Wendel und Homburg von ihrem Umland ab und trennte so Familien- und Wirtschaftsbeziehungen, was diese Regelung besonders unbeliebt machte. Beispielsweise lag Theley plötzlich im Saargebiet und das Nachbardorf Selbach war plötzlich durch eine Grenze abgetrennt, wobei Selbach auch eine Zollstelle erhielt. Dadurch wurden nachbarschaftliche und familiäre Verbindungen unterbrochen. Aber für Selbach spielte die Sonderregelung des kleinen Grenzverkehrs eine Rolle. In einer etwa 15 km breiten Zone auf beiden Seiten der Grenze galt eine Befreiung auf bestimmte Zölle. Es konnten auch Waren zur Verarbeitung (z.B. Holz) zollfrei hin- und hergefahren werden.[186]

Die Völkerbundregierung stützte sich nur auf das französische Militär. Wirtschaftlich war das Saargebiet Teil des französischen Zoll- und Währungsgebietes. Seit 1923 war der französische Franc (Franken) alleiniges Zahlungsmittel.

Frankreich richtete 24 Domanialschulen (Écoles domaniales) ein, in denen die Kinder mit der französischen Sprache und Kultur vertraut gemacht werden sollten. Man hoffte, dass diese Kinder 1935 für Frankreich votieren würden. Eine dieser Schulen wurde auch 1920 in Sulzbach eröffnet und hatte 1932 382 Schüler. Diese Schulen sollten im späteren Abstimmungskampf neben der Enteignung der Saargruben eine große Rolle spielen.

---

186 Vgl. Artur Wilhelm: Selbach. Die Geschichte des Dorfes im Quellgebiet der Nahe und Blies. Dillingen 2002, S. 163.

Die Besetzung durch französische Soldaten, darunter auch Kolonialtruppen aus Nordafrika, wurde von den Saarländern als besondere Schmach empfunden. Die Ausbeutung der saarländischen Kohlengruben und der Stahlindustrie und die Propganda aus dem „Reich" verstärkten den Wunsch vieler Saarländer wieder zu Deutschland zu gehören, was zunächst alle Parteien befürworteten. Harig hat die Verärgerung über die französische Verwaltung auch in seinem Roman beschrieben. [187]

Saarabstimmung

Nach der Machtergreifung der NSDAP änderten sich die politischen Bedingungen für eine Rückkehr ins Reich. Die SPD wechselte nach der Machtübernahme ihren Kurs und trat für den Fortbestand der Mandatsverwaltung ein, um das Saargebiet vor dem Zugriff Hitlers zu schützen.
Die Kommunistische Partei (KPD) wandte sich allerdings weiter gegen die Mandatsverwaltung und bekämpfte die Sozialdemokraten nun als „Vaterlandsfeinde". Erst kurz vor der Abstimmung 1935 kam es dann zur Bildung einer Einheitsfront von KPD und SPD gegen den Anschluss an das Deutsche Reich. Die Aversionen von Harigs Großvater gegen die Sozialdemokraten werden ausführlich beschrieben.[188]
Am 13. Januar 1935 lautete das Ergebnis: 90, 73 Prozent für die Vereinigung mit Deutschland.

---

187 Vgl. W, S.53.
188 Vgl. ebd., S. 51.

Grenzsteine des Saargebietes zwischen Theley und Selbach [ix]

Erziehung im Nationalsozialismus

Die Hitler-Jugend

Außerschulische Einrichtungen wie die Hitler-Jugend (HJ), Landjahr und Reichsarbeitsdienst standen im Zentrum nationalsozialistischer Erziehungspolitik.[189]
Zur wichtigsten Organisation wurde bereits 1933 die HJ. Im Unterschied zur Lehrerschaft, die man nicht einfach ersetzen konnte, ließen sich die Leitungspositionen hier gleich mit überzeugten jungen Nationalsozialisten besetzen.

a) Junge Generation und HJ

Die junge Generation hatte ihre Erfahrungen in der Kriegs- und Nachkriegszeit gemacht und war geprägt durch materielle Entbehrungen sowie den Verlust von Orientierungsmöglichkeiten. Möglicherweise reagierte sie darauf mit dem Bedürfnis nach Führung und autoritären Strukturen.[190] Die NS-Bewegung konnte dies anbieten und darüber hinaus ihre Rolle als politische Jugendbewegung mit extrem niedriger Altersstruktur bis in die Führungsspitze. Dazu bildete sie eine die Jugend ansprechende Programmatik wie Rhetorik heraus.
Der Aufstieg begann mit der Ernennung Baldur von Schirachs[191] zum Reichsjugendführer der NSDAP. Während die HJ 1932 gegenüber den anderen Jugendverbänden wie katholischen oder evangelischen Jugendverbänden noch nahezu bedeutungslos war, änderte sich dies mit der Machtergreifung 1933. Es gelang den Nationalsozialisten die HJ in kurzer Zeit als einzige „Staatsjugend" zu monopolisieren. Dies erfolgte unter zwangsweiser Übernahme von Dachverbänden und durch das Verbot bzw. die Eingliederung konkurrierender Jugendorganisationen. Ein streng organisierter zentraler Führungsapparat wurde aufgebaut.

---

189 Vgl. Wolfgang Keim: Erziehung unter der Nazidiktatur. Antidemokratische Potentiale, Machtantritt und Machtdurchsetzung. Darmstadt 1995, S. 123.
190 Vgl. ebd. S. 124.
191 Baldur von Schirach (1907-1974) besuchte schon früh die Veranstaltungen Hitlers. 1933 wurde er „Jugendführer des Deutschen Reiches."Als Gauleiter in Wien war er für die Deportation von 60 000 Juden verantwortlich.

Während etwa die Jugendorganisation der KPD verboten wurde, konnten eher rechte Gruppierungen wie die Hindenburg-Jugend eingegliedert werden.

b) Bündische und konfessionelle Jugend

Kompliziert gestaltete sich das Verhältnis von HJ und Bündischer Jugend.[192] Zwar bestanden teilweise ideologische Grundübereinstimmungen, aber die Bünde wollten ihre Eigenständigkeit bewahren. Doch schon bald gab es rigide Verbote bezüglich bündischer Abzeichen und Uniformen. Die Erfahrung von Verbot und Verfolgung führte Teile der Bündischen Jugend in die Illegalität oder sogar zum Widerstand gegen Hitler. So sind etwa die Geschwister Scholl aus der bündischen Jugend hervorgegangen. Harig erwähnt in seinem Roman auch die Weiße Rose.
Ähnlich kompliziert stellte sich das Verhältnis zu den konfessionellen Jugendverbänden dar.
Von Schirach schloss mit dem Reichsbischof Müller ein Abkommen über die Eingliederung der evangelischen Jugend in die HJ, allerdings distanzierten sich der Bekennenden Kirche nahestehende Gruppen von diesem Pakt und lösten sich selbst auf. Die eigenständige evangelische Jugendarbeit beschränkte sich in der Folge fast ausschließlich auf den innerkirchlichen Raum.
Die katholischen Verbände standen zunächst noch unter dem Schutz des Konkordates von 1933. Aber 1935 kam es auf Anweisung Himmlers zum generellen Verbot konfessioneller Jugendarbeit.

c) Der Ausbau der Hitlerjugend

Wie in vielen anderen Bereichen lagen auch in der Hitlerjugend Partei- und staatliche Funktionen in einer Hand, so dass es keine parteiunabhängige Kontrolle gab. Die Kontrolle wurde erleichtert durch ihren einheitlichen, geschlechtsspezifisch getrennten Aufbau nach Altersstufen, ihre Organisation nach hierarchischen Ebenen und durch ihre militärischen Kommunikationsstrukturen. Das dazu nötige Wissen

---

192 Die Bündische Jugend ging aus Wandervogel und Pfadfinder hervor. Sie organisierten z.B. Zeltlager und postulierten das Bild des Mannes als „Ritter". Die Erneuerung der Gesellschaft wurde angestrebt.

wurde in den zahlreichen neu eingerichteten Reichsführerschulen vermittelt.

Gleichzeitig mit ihrem Ausbau verzeichnete die HJ einen immensen Mitgliederzuwachs, von etwa 100 000 Ende 1932 bis auf über 3,5 Millionen 1935. Durch Werbekampagnen wurde an die „Ehrenpflicht aller Väter und Mütter in Deutschland" appelliert, ihre Kinder in die HJ oder den Bund deutscher Mädel zu schicken.

Hinzu kam eine aufwändige Propaganda, insbesondere über Rundfunk und Film. Ludwig Harig geht ja sehr ausführlich auf den Propagandafilm *Hitler-Junge Quex* ein.

Mit dem „Gesetz über die Hitler-Jugend" vom Dezember 1936 wurde durch die Zusammenfassung der gesamten deutschen Jugend in der HJ im Grunde eine dritte Erziehungsinstanz neben Elternhaus und Schule festgelegt.

Altmetallsammlung der HJ, Worms 1938 [x]

76

Erziehung zu Rassismus und Kriegsbereitschaft

Der juristisch-administrative Rahmen

Das Reichsministerium für Wissenschaft, Erziehung und Volksbildung war zur Zeit des Nationalsozialismus für das Schulwesen, für die Jugendverbände, für die Hochschulen u. a. verantwortlich.[193] Die meisten Personen in der neuen Zentralbehörde kamen aus dem preußischen Kultusministerium. Die Behörde zielte auf reichseinheitliche Schularten, Richtlinien, Lehrpläne, Formen der Lehrerausbildung und mit der Zeit verstärkt auf die Diskriminierung jüdischer Schüler. Die Beamtenschaft im Ministerium war gegenüber dem NS-Staat absolut loyal.

Die antijüdische Sondergesetzgebung gründete ab September 1935 auf dem Reichsbürgergesetz (RBG), dem bis 1943 zahlreiche gravierende Ausführungsbestimmungen folgten. Der Erwerb der Reichsbürgerschaft sollte an den Nachweis „deutschen" Blutes gebunden sein, also ein rassistisches Kriterium. Das RGB wertete die deutschen Juden generell zu Menschen minderen Rechtes ab.

Wer Jude war, richtete sich nach der Anzahl „volljüdischer" Großeltern, so dass man auch „Halb-" oder „Vierteljuden" benennen konnte. „Halbjuden" blieben von diskriminierenden Bestimmungen zunächst noch verschont.

Eine Konsequenz des RGB für das Erziehungswesen war die Entlassung aller jüdischen Beamten zum 31. Dezember 1935. Wahrscheinlich mit Rücksicht auf die Olympischen Spiele 1935/36 und 1936 in Deutschland, galt die Schulpflicht jüdischer Schüler weiterhin. Nach dem Pogrom[194] vom November 1938 kam es zum völligen Ausschluss jüdischer Schüler aus nicht-jüdischen Schulen. Die Schließung sämtlicher jüdischer Schulen wurde dann 1942 angeordnet. Ähnlich verhielt es sich an den Hochschulen, wo ab November 1938 jüdische Studenten oder Lehrende generelles Hausverbot hatten.

---

193 Vgl. Wolfgang Keim: Erziehung unter der Nazidiktatur. Kriegsvorbereitung und Holocaust. Darmstadt 1997, S. 10.

194 Ein Pogrom (russ. Verwüstung) meint die gewaltsame Ausschreitung gegen eine Minderheit. Ursprünglich wurden ausschließlich Judenpogrome so bezeichnet. Gemeint ist hier die *Reichskristallnacht*.

Schulen wie Hochschulen widersetzten sich diese Regelungen kam, sondern zeigten eher vorauseilenden Gehorsam. Auch „Zigeuner" konnten mit Beginn des Krieges nicht mehr am normalen Unterricht teilnehmen.

Das Schulwesen wurde zunehmend an wehr-und militärpolitischen Zielsetzungen ausgerichtet. Dazu gehörte zum Beispiel eine Schulzeitverkürzung im Bereich der höheren Schule, um dem Bedarf an Offiziersanwärtern gerecht werden zu können.

In der Anfangszeit des NS-Regimes wurde die *Hochschule für Lehrerbildung* (HfL) eingeführt, die eine 2jährige Volksschullehrerausbildung mit dem Abitur als Eingangsvoraussetzung vorsah. Auf Weisung Hitlers folgte zum 1. April 1942 die Ablösung der HfL durch Lehrerbildungsanstalten (LBA) nach dem Vorbild Österreichs.Die akademische Ausbildung wurde durch eine seminaristische ersetzt. Diese erfolgte im Internatsbetrieb in dörflichen und kleinstädtischen Landschulheimen oder Schlossanlagen. Die Lehrgangsteilnehmer waren nun keine Abiturienten mehr, sondern vor allem 14-jährige Abgänger der Volksschule, die in fünf Jahren Volksschullehrer werden sollten. So kam es, dass Harig so jung die Lehrerbildungsanstalt in Idstein besuchte.

Kern der Lehrerausbildung war nun die „Gemeinschaftserziehung" nach den für die HJ geltenden Regeln der Selbstführung der Jugend. Sportliche und charakterlich-ideologische Fähigkeiten wurden wichtiger als intellektuelle. Je jünger die kommenden Lehrer waren, um so besser konnte ihre ideologische Prägung gelingen. Die Auswahl der Lehrenden richtete sich dementsprechend weniger nach ihrer fachlichen Qualifikation als vielmehr nach ihrer politischen Zuverlässigkeit.

Wichtig für die Nazifizierung des gesamten Schulwesens wurden die neuen Richtlinien. Oberstes Ziel für alle Schulformen war die Formung des nationalsozialistischen Menschen.[195] Dies geschah auf rassistischer und militärischer Grundlage. Die Heranwachsenden sollten zu körperlich und geistig gesunden Menschen herangezogen werden. Dabei sollte die Ausprägung männlicher und weiblicher Wesenszüge gefördert werden. Die Schüler sollten sich in die Volksgemeinschaft einfügen und Volk und Staat dienen.

---

195 Vgl. Keim (1997), S. 42.

Ganz nach der Prioritätensetzung in Hitlers *Mein Kampf*[196] rückte in den Stundentafeln aller Schulformen das Fach „Leibeserziehung" an die erste Stelle.

Erziehung im Kontext rassistischer Auslese und Ausmerze

Die rassistische Ideologie im Unterrichtswesen

Die Rassenideologie trat nach 1933 ins Zentrum von Politik und Gesellschaft. Ihr lag die Vorstellung zugrunde, dass nur die „nordische Rasse" zu großen kulturellen Leistungen fähig sei. Damit einher ging das Ziel, mittels gezielter Auslese und Ausmerze eine „rassisch hochwertige" Volksgemeinschaft hervorzubringen.

Der Verwirklichung dieses Zieles dienten eine Fülle von Gesetzen und Erlassen. Der Indoktrination standen allerdings Traditionen wie das Christentum oder die Sozialdemokratie entgegen, die auf der Gleichheit aller Menschen basierten. Sie hatten noch das Weltbild der Erwachsenen geprägt, so dass der Indoktrination der jungen Bevölkerung eine besondere Rolle zukam. Dabei ging es um die Vermittlung eines Weltbildes, aber auch um den Aufruf zur Tat. Erstaunlich ist, wie viele Erziehungswissenschaftler die NS-Ideologie verinnerlichten und eine regelrechte „Rassenpädagogik" entwickelten.

Für die Schulen wurden Vererbungslehre, Rassenhygiene und Familienkunde zu Unterrichtsgegenständen. Verfolgt wurden dabei zwei Ziele: Der Schüler sollte stolz auf seine Zugehörigkeit zum deutschen Volk als Hauptträger der nordischen Rasse sein und zugleich eine Abwehrhaltung gegenüber denen entwickeln, die als minderwertig oder krank galten.

Insbesondere sollte durch die Betonung des Zusammenhangs von Rassemerkmalen und kulturellen Leistungen sowie durch Warnung vor angeblich schlechten Einflüssen „fremdvölkischer" Gruppen gewarnt werden. Damit waren an erster Stelle die Juden gemeint.

---

196 *Mein Kampf* ist eine ideologische Programmschrift Adolf Hitlers, die 1925 erschien. Heute liegt wieder eine Ausgabe vor: Christian Hartmann u. a. (Hg.): Hitler, Mein Kampf: Eine kritische Edition. 1. Auflage. Institut für Zeitgeschichte München – Berlin, München 2016

Die rassistische Ideologie wurde später zum festen Bestandteil der Lehrpläne und wurde fächerübergreifend unterrichtet.

NS-Ausleseschulen

Die Prinzipien rassistischer Indoktrination und Auslese galten generell für alle Kinder und Jugendlichen, aber in besonderem Maße für die, die als künftige Führungsschicht Einrichtungen der Eliteerziehung besuchten.

Als Inbegriff von NS-Elite galt die SS (Schutzstaffel), die von Heinrich Himmler geführt wurde. Die SS verkörperte am ehesten die Idee nordisch-germanischen Herrenmenschentums. Wichtigste Voraussetzung für ein Beitritt war eine „reine" Ahnentafel. Der SS unterstand auch der Verein „Lebensborn", der nordische Menschen „züchten" sollte.

Als Tugenden der SS galten Ehre und Treue, aber auch Unbarmherzigkeit. So stellte die SS mit ihren SS-Totenkopfverbänden auch die Wachen für die Konzentrationslager und Mordkommandos in den besetzten Gebieten.

Die SS gab das Vorbild für jede NS-Eliteerziehung ab. Diese erfolgte bereits im frühen Jugendalter an den Nationalpolitischen Erziehungsanstalten (Napolas) und den Adolf-Hitler-Schulen (AHS). Es handelte sich jeweils um eine Internatserziehung mit körperlicher Schulung, Charaktererziehung und Ausbildung eines Elitebewusstseins. Typisch war ein breites sportliches Angebot aus z.B. Fechten, Reiten, Rudern, Segeln, Ski-und Motorradfahren. So verwundert es nicht, wenn später ehemalige Schüler von einer spannenden Zeit berichten.[197] Ähnliches begegnet uns auch im Roman von Harig.

Begeisternd wirkten sicher auch die regelmäßig am Montag abgenommene Flaggenparade mit Liedern, Trommelwirbel und Ansprache. Dazu kamen Sommerlager und Großgeländespiele mit Nachtgefechten. Auch Harig drückt seine Begeisterung darüber im Roman aus.

Man kann vermuten, dass die Jugendlichen dabei die rassistischen Muster der Erziehung kritiklos übernahmen.

---

197 Vgl. Keim (1997), S. 109.

Einsätze an der „Heimatfront" und in den besetzten Gebieten

Kriegspropaganda und Kriegshilfsdienste

Der Ausbruch des Krieges bedeutete für Lehrer und Schüler einen spürbaren Einschnitt. Ein Großteil der wehrdienstfähigen Lehrer wurde zur Front eingezogen. Die daheimgebliebenen Lehrer mussten verschiedene Dienste, wie etwa beim Luftschutz übernehmen.

Von der Lehrerschaft wurden verschiedene Aufgaben erwartet: Weckung einer Kampfmoral, Förderung von Tapferkeit, verbunden mit rassistischen Feindbildern. Mit dem Überfall auf Polen musste die Schule Begeisterung für den Krieg, Hass auf auf die Nachbarvölker und bedingungslosen persönlichen Einsatzwillen steigern. Für diesen Zweck wurde der Schule reichlich Propagandamaterial zur Verfügung gestellt.

So gab es etwa im Frühjahr 1940 Rundfunkansprachen von hohen Funktionären (Göring, Rosenberg u.a.), die gemeinschaftlich vor Unterrichtsbeginn gehört werden sollten. Sie nahmen dazu Stellung, wie sie den Krieg sahen und wie sie sich dabei die Rolle der deutschen Jugend vorstellten.

Hermann Göring etwa erläuterte, was „totaler Lebenskampf" bedeuten soll und Baldur von Schirach forderte das „Pflichtbewusstsein der deutschen Jugend."

Nach den anfänglichen „Blitzsiegen" über Polen und Frankreich wurden Propagandafilme über diese Feldzüge an allen Schulen ab Sekundarstufe I vorgeführt.[198] Sie sollten Stolz und Begeisterung wecken. Dazu empfahl das REM aktuelle Kriegsliteratur.

Das Oberkommando der Wehrmacht verteilte an die Volksschüler der oberen Klassen zu ihrer Entlassung kriegsverherrlichende Broschüren. Diese sprachen die vor der Schulentlassung stehenden Jugendlichen direkt an und wiesen sie auf die ihnen an der Front zugedachten Rollen hin. Gegen Ende des Krieges veröffentlichte das OKW auch Broschüren, die den Höheren Schulen, Lehrerausbildungsanstalten und Napolas zugingen.

Viele Schulen hängten in den Fluren Frontkarten auf, was bei den Anfangserfolgen im Krieg sehr wirkungsvoll war. Hier konnte man auch

---

198 Vgl. ebd., S. 139.

den Frontverlauf mit Fähnchen abstecken.[199] Das Leid, das Ausmaß der Zerstörung und vor allem der Terror blieben dabei ausgeblendet.

Daneben gab es auch Besuch von Frontsoldaten, die Lehrer oder ehemalige Schüler waren. Sie wurde zu Propagandaveranstaltungen hinzugezogen und hatten einigen Einfluss, da man sie persönlich kannte. Darüber hinaus hatten die Besuche von Frontsoldaten die Funktion, eine Verbindung zwischen Schule und kämpfender Truppe herzustellen. Um ihre Verbundenheit mit der Wehrmacht auszudrücken, hielt man die Schüler dazu an, ihrerseits Briefe an die Front zu schicken. Ab 1941 sollten von ihnen auch wärmende Sachen für die Soldaten an der Ostfront gesammelt werden.

Mit der Dauer des Krieges und um so mehr Soldaten fielen, desto notwendiger wurde die Nachwuchswerbung in den Schulen.

Zunehmend kam auch die Organisation und Betreuung außerschulischer Schülereinsätze hinzu. Sie begannen in der ersten Kriegsphase mit den bereits vor 1939 weit verbreiteten Sammeldiensten, insbesondere von Altstoffen und Altmaterialien. Ein „Gausieg" hat den beteiligten Schulen dabei offenbar viel bedeutet.

Bedeutsam wurden auch die Luftschutzdienste. Jede einzelne Schule war für entsprechende Vorkehrungen selbst verantwortlich: ausreichende Verdunkelung, Einrichtung eines Luftschutzkellers, Ausstattung. Lehrer und Schüler wurden auch zu nächtlichen Brandwachen herangezogen, so dass der Luftschutz für alle eine schwere Belastung war.

Bereits ab Herbst 1939 kamen sogenannte Kriegseinsätze zur Sicherung der Ernährung hinzu. Sie waren notwendig, um dringende landwirtschaftliche Arbeiten zu erledigen. So wurden zum Beispiel 15-16jährige Schüler aus Berlin klassenweise und nach einem detaillierten Plan für mehrere Wochen für diese Arbeiten nach Pommern, in die Mark Brandenburg oder nach Mecklenburg geschickt. Dort nahmen sie Unterkunft in einem Lager oder direkt bei den Bauern.

Die Arbeitseinsätze konnten dabei an sechs Tagen die Woche 10 bis 12 Stunden umfassen.[200]Als Lohn erhielten die Schüler nur 10 Reichsmark monatlich. An Unterricht war wegen der ausufernden Landarbeit nicht zu denken.

Daneben gab es auch paramilitärische und militärische Verpflichtungen. So mussten ab 1942 17-, 16- und sogar 15jährige Schüler an 3wöchigen

---

199 Vgl. ebd., S. 139.
200 Vgl. ebd., S. 141.

Wehrertüchtigungslagern teilnehmen. Ab Februar 1943 mussten sie als Luftwaffen- und Flakhelfer dienen. Hierbei handelte es sich um wirkliche Kriegseinsätze, was aufgrund des jungen Alters der Schüler psychische Auswirkungen hatte.

Der Flakhelferdienst umfasste die Abwehr von Luftangriffen der Alliierten mit Flakartillerie. Die Einberufungen erfolgten nach Möglichkeit klassenweise und in der Nähe der Heimatorte. Immer mehr Unterricht fiel aus, aber angesichts ständiger Bedrohung durch schwere Verletzung oder Tod, spielte das nun auch keine Rolle mehr.

Die Schülerinnen mussten vor allem bei kinderreichen bäuerlichen Familien, in Kindertagesstätten oder in Erholungsheimen aushelfen. Allein 1942 waren rund 17000 Schülerinnen betroffen. Gegen Kriegsende wurden Mädchen und junge Frauen sogar bei Hilfsdiensten bei der SS und an der Front vorbereitet.

Die Schulleitungen und Lehrer nahmen den Kriegsalltag als schicksalhafte Gegebenheit, gar als Bewährung an. Dass ihre Erziehungsarbeit und die Kriegseinsätze der Schüler den Krieg mit ermöglichten, ihn vielleicht sogar zu verlängern half, soll an dieser Stelle betont werden.

Trotzdem war der Partei weiterhin an einer Qualifizierung der Jugend gelegen und zwar um Wehrmacht und Kriegswirtschaft aufrecht zu erhalten und mit Hinblick auf den Nachkriegsaufbau.

Das Reichserziehungsministerium selbst wurde in der letzten Kriegsphase von den Kriegsfolgen eingeholt. So fielen zahlreiche Beamte an der Front im Osten. Ende 1943 trafen Bomben das Hauptgebäude des REM und vernichteten Diensträume und Registraturen. Der Leiter des REM, Bernhard Rust, setzte sein Leben am 8. Mai 1945, dem Tag der Kapitulation, ein Ende. Er entzog sich der Verantwortung.

Die Hitler-Jugend als Reservearmee

Grundsätzlich erwartete man von der HJ die gleichen Kriegsleistungen wie von der Schule. Es sollte eine positive Einstellung zum Krieg geweckt sowie Einsätze und Dienste geleistet werden. Allerdings stand dies bei der HJ im Vordergrund.

Dazu stand der HJ mit dem Amt für Presse und Propaganda innerhalb der Reichsjugendführung (RJF) ein eigener Apparat zur Verfügung. Das Amt hielt eine Menge an Massenkommunikationsmitteln bereit: zahlreiche Jugendzeitschriften, Beilagen zu Tageszeitungen, Jahrbücher für verschiedene Altersstufen. Darüber hinaus arbeitete man eng mit Funk, Film und Theater zusammen.

Von zentraler Stelle aus wurden auch Jahreslosungen festgesetzt, so zum Beispiel für 1940 die Losung „Jahr der Bewährung." Es gab sogar Monatsziele und Tagesparolen für die HJ-Arbeit. So hieß es etwa für den September 1944, dass sich jeder Junge des Jahrgangs 1928 kriegsfreiwillig melden solle.[201] Harig war Jahrgang 1927 und damit unmittelbar betroffen.

Dazu gab es für die HJ-Führer und BDM-Führerinnen Materialien, die das Monatsthema mit Argumenten und methodischen Hinweisen versahen.

Außerdem organisierte das RJF spezifische Aktionen, beispielsweise zur Verwundetenbetreuung durch den Jungmädelbund. Sie begannen zum Beispiel mit einem entsprechenden Aufruf in der BDM-Zeitschrift „Das Deutsche Mädel" und wurden dann breit in der Presse gestreut. Anschließend kam es zu den unvermeidlichen Erfolgsmeldungen.

Begleitend dazu zeigten die überall aufgestellten Schaukästen der HJ Bild- und Textmontagen zum Thema und der Rundfunk übertrug Jungmädel-Einsätze zu den Einsätzen. Sogar die Wochenschau berichtete darüber.

Es gab auch HJ- und BDM-Magazine, deren Aufgabe es war, mit einfachen manipulativen Techniken, die Jugendlichen in ihrem Glauben an den „Führer" und den deutschen Sieg zu festigen und sie zu Kriegsleistungen zu aktivieren.

---

201 Vgl. ebd., S. 147.

Auch sollten sie die männlichen Jugendlichen für die verschiedenen Waffengattungen der Wehrmacht begeistern.

Immer aber appellierten sie an Verantwortungsbereitschaft, Tapferkeit und Verpflichtung der jungen Menschen. Zeitgleich schürten sie systematisch Ängste gegenüber den Feindmächten, was ja nicht aus der Luft gegriffen war.

Im Zuge des „totalen Krieges"[202] mussten die meisten Jugendzeitschriften eingestellt werden und der Jugendfilm gewann als propagandistisches Mittel an Bedeutung. Dies galt für den Dokumentarfilm und für den Jugendspielfilm. Beide wurden während des Krieges gefördert und in sogenannten Jugendfilmstunden vorgeführt. Zu den Dokumentarfilmen gehörten Filme über die Erlebnisse von HJ-Einheiten oder der 1940 gedrehte Film „Kriegseinsatz der Jugend."

Ein gutes Beispiel für den Jugendspielfilm ist der 1941 uraufgeführte und von da an zum ständigen Repertoire der Jugendfilmstunden gehörende Film „Kadetten."[203] Thema ist eine Kompanie von 9- bis 12jährigen preußischen Kadetten in russischer Kriegsgefangenschaft, die durch ihren Mut und ihre Disziplin befreit werden können.

Die Russen geben ein Feindbildstereotyp ab, während die Kinder sich durch Tugenden wie Tapferkeit und Heldentum auszeichnen. Dies ließ sich gut auf die damals aktuelle Kriegssituation übertragen. Anscheinend blieben diese Propagandabemühungen nicht ohne Auswirkung, wie die Werwolf-Aktionen[204] von Halbwüchsigen gegen die Alliierten in den letzten Kriegswochen zeigen.

Die kriegswirtschaftliche Bedeutung der nicht-militärischen HJ-Einsätze ist nicht zu unterschätzen, denn 1942 waren etwa 600 000 Jungen und 1

---

202 Als totaler Krieg wird eine Kriegsführung benannt, die alle gesellschaftlichen Ressourcen in Anspruch nimmt. Joseph Goebbels hat den Ausdruck in seiner berüchtigten Sportpalastrede vom 18. Februar 1943 gebraucht.

203 „Kadetten" ist ein 1939 gedrehter Spielfilm von Karl Ritter. Der Film wurde aus politischer Rücksichtnahme auf die Sowjetunion erst 1941 uraufgeführt. Die Kadetten wurden zum Teil von Schülern der Nationalpolitischen Erziehungsanstalt (Napola) in Potsdam gespielt.

204 Es handelte sich um eine nationalsozialistische Organisation, die im September 1944 vom Reichsführer SS Heinrich Himmler gegründet wurde. Der „Werwolf" war in erster Linie ein Propagandaphänomen.

400 000 Mädchen im Ernteeinsatz und etwa 400 000 Jugendliche waren in der letzten Kriegsphase beim Bau von Verteidigungsanlagen beteiligt. Mittelpunkt aller HJ-Aktivitäten der männlichen Jugend war nun jedoch die vormilitärische Ausbildung bzw. „Wehrertüchtigung" in verschärfter Form. Dies geschah durch Schießübungen und durch HJ-Wehrertüchtigungslager. Seit 1942 wurden dort alle 17-jährigen Jugendlichen direkt auf den Wehrdienst vorbereitet.

1943 gab es bereits 200 Wehrertüchtigungslager. Durch die Aufstellung des „Deutschen Volkssturms" im Herbst 1944 und der damit verbundenen „erweiterten Wehrhaftmachung der deutschen Jugend" sank das Alter der betroffenen Jugendlichen auf 16 und 15 Jahre.
Die Ausbildung galt nun als Pflicht, so dass bei Nichtbefolgung polizeiliche Maßnahmen drohten.
Die HJ beteiligte sich darüber hinaus mit dem HJ-Streifendienst als Hilfspolizei. Dessen Mitglieder, die sich zum Teil durch besondere Brutalität auszeichneten, waren als Nachwuchs für die SS vorgesehen.
Zu den Aufgaben des Streifendienstes gehörte die Bespitzelung verbotener Gruppenbildung, die Überwachung von Sperrstunden oder die Verfolgung von „Zersetzungserscheinungen."

Schülerinnen im Arbeitseinsatz bei der Flachsernte 1942 [xi]

Der BDM wurde nun verstärkt zu den sogenannten „Osteinsätzen" abgeordnet. Im besetzten Polen sollten sie angesiedelten baltischen und südosteuropäischen Volksdeutschen[205] beim Aufbau ihrer Landwirtschaft und in den Kindergärten und Schulen helfen.

Es bleibt zu fragen, inwieweit die Jugendlichen innerhalb der HJ die ihnen abverlangten Kriegsleistungen nicht nur gezwungenermaßen, sondern freiwillig und mit voller Überzeugung erbracht haben.
Der Großteil der Jugendlichen leistete solche Einsätze wohl weniger aus Begeisterung, als eher ganz pragmatisch, weil es „sein musste" oder weil ansonsten Ausbildung oder Studium gefährdet waren. Während des Krieges nahm abweichendes Verhalten der Jugendlichen derart zu, dass sich die Partei- und Jugendführung zu Gegenmaßnahmen veranlasst sah.[206]

---

205 Es handelte sich um Deutsche, die 1937 außerhalb des Deutschen Reiches und Österreichs lebten.
206 Vgl. Keim (1997), S. 152.

Die Kinderlandverschickung

Seit es im Herbst 1940 die ersten britischen Bomberangriffe auf das Reich gab, wurde beschlossen, Kinder und Jugendliche wirkungsvoll zu schützen.

Es entstand die „Erweiterte Kinderlandverschickung" (KLV), in deren Rahmen etwa jedes dritte Schulkind evakuiert wurde. Die Gesamtzahl wird auf etwa 3 Millionen geschätzt.

Evakuierungsgebiete waren zunächst die Ballungszentren, während die Verschickungsziele auf dem Land lagen.

Die Dauer der KLV war meist ein halbes Jahr und konnte noch verlängert werden. Man verschickte nach Möglichkeit ganze Klassen, manchmal auch ganze Schulen.

Die Motive hinter der KLV waren allerdings nicht nur fürsorgliche, sondern auch pragmatische und ideologische. So konnten die Mütter, die die Kinder nicht betreuen mussten, zu kriegswichtigen Aufgaben herangezogen werden.

Auch sahen Teile der NS-Führung ganz offensichtlich die Gelegenheit, die Schule als Erziehungsstätte durch das Lager oder Heim abzulösen. Die Organisation übernahm folgerichtig auch nicht Rust vom REM, sondern Baldur von Schirach.

Man konnte dabei auf die Unterstützung vieler, durch Jugendbewegung und Reformpädagogik geprägter Lehrer rechnen, die sogar in den besetzten Gebieten die Verwirklichung ihrer lange gehegten Vorstellungen von einem selbstbestimmten Jugendleben erhofften.

Während die Gruppe der 6- bis 10jährigen in Familienpflegestellen untergebracht wurden, bildeten die 10- bis 14jährigen nach Geschlechtern getrennte Lagergemeinschaften. Die Lehrer stellten den Lagerleiter und die HJ einen Lagermannschaftsführer, der diesem untergeordnet war.

Die Lagermannschaftsführer bzw. Lagermädelführerinnen setzten die nationalsozialistische Erziehungsideologie um. Sie bildete die Grundlage für eine Formationserziehung, die ein Haltungs- und Härtetraining einschloss.

So kam es zu einer starken Betonung von Kampfsport, Geländespielen und Marschieren, ganz ähnlich wie auch bei den Napolas und Adolf-

Hitler-Schulen. Das alles vor dem Ziel, die jungen Menschen zu begeistern und zu bedingungslosen Nationalsozialisten zu formen.

Ludwig Harig

Lebensdaten

1927	am 18.Juli in Sulzbach, damals Saargebiet, geboren
1933	Beginn der Schulzeit in Sulzbach. Nachhaltige Wirkung der Grimmschen Märchen
1936	Umzug ins Oberdorf. Spielplätze der Schulzeit sird der Leiterschuppen und der Farbkeller des väterlichen Anstreichergeschäfts, später, bei Geländespielen im „Jungvolk", die nahen Wälder von Brefeld und Fischbach
1941	Eintritt in die Lehrerbildungsanstalt Idstein im Taunus. Internatsleben im Schloss, später Aufräumungsarbeiten im zerstörten Frankfurt
1943/44	Drei Hefte mit Prosastücken. Erste Gedichte. Zum Schanzen an den Westwall
1945	bei Kriegsende auf der Flucht. Rückkehr nach Sulzbach im August
1946	Mittelschule in Saarbrücken. Beim Bucheckernsammeln und Gedichterezitieren mit Brigitte Gottschall
1946-49	Lehrerseminar in Blieskastel, Saarbrücken und Ottweiler. Zeit des Lesens: Hölderlin, Hesse, Expressionisten
1949/50	nach dem Volksschullehrerexamen Assistant d'allemand am Collège Moderne in Lyon. Freundschaft mit Roland Cazet. Erste Übersetzungen aus dem Französischen

1950/70	Volksschullehrer in Dirmingen und Friedrichsthal
1957	Zweite Reise mit Brigitte Gottschall nach Ste. Maxime an der der Côte d'Azur
1957	Heirat mit Brigitte Gottschall. Umzug aus dem Elternhaus ins Elternhaus von Brigitte
1962	Reise mit dem Maler Dahlem nach Bordeaux, aus der ein Buch entsteht. In diesen sechziger Jahren weitere gemeinsame Reisen nach Frankreich, Spanien, Italien
1963	Erstes Hörspiel, produziert beim süddeutschen Rundfunk. Weitere Hörspiele beim Saarländischen Rundfunk
1968/72	Sommerhaus in Urweiler im St. Wendeler Land. Spaziergänge über das Skulpturenfeld von St. Wendel. Die „Sprechstunden für die deutsch-französische Verständigung" entstehen und werden bei Hanser publiziert
1972	Mitglied des PEN-Clubs
1974	Freier Schriftsteller
1975	Reise nach Skandinavien
1977	Erste Arbeiten am Roman über den Vater
1978	Reise nach Georgien
1978	Einzug ins Eigenheim in Sulzbach
1979	Mitglied der deutschen Akademie für Sprache und Dichtung, Darmstadt

1980	Reise in den Vorderen Orient. Reisetagebuch
1982	Gastdozent (visiting writer) an der Universität von Texas, Austin. Von Austin Reisen nach Houston und an den Golf von Mexiko, San Antonio, San Francisco mit Lesung in Stanford, Kalifornien, nach Horseheads mit Lesung in Cornell, New York. Niagara-Fälle, Silbersee, New York. Texanisches Tagebuch, nur teilweise veröffentlicht. Mitglied der Deutschen Akademie der Wissenschaften und Literatur Mainz
1984	Reise in die DDR
1985	Mitglied der Freien Akademie der Künste, Mannheim
1986	Ostseereise. Tagebuch
1987	Poetik-Vorlesungen an der Johann-Wolfgang-Goethe-Universität in Frankfurt
1989	Poet in residence an der Universität von Warwick, England
2018	in Sulzbach verstorben

Würdigungen

1966	Kunstpreis des Saarlandes
1972	Stipendium für die Cité Internationale des Arts in Paris
1974	Stipendium des Berliner Senats
1975	Stipendium des Berliner Kunstpreises
1977	Kunstpreis der Stadt Saarbrücken

1982	Marburger Literaturpreis
1983	Turmschreiber von Deidesheim
1984	Ehrengast der Villa Massimo in Rom Carl-Zuckmayer-Medaille
1985	Raben-Preis für kreative Kritik
1986	Lesezeichen-Preis für Poesie & Politik
1987	Stadtschreiber von Mainz Literaturpreis des ZDF und der Stadt Mainz Hörspiel-Preis der Kriegsblinden Heinrich-Böll-Preis Verleihung der Ehrendoktorwürde durch die Philosophische Fakultät der Universität des Saarlandes
1993	Verleihung des Professorentitels durch das Saarland in „Würdigung seines literarischen Gesamtwerkes"
1994	Friedrich-Hölderlin-Preis
2001	Brüder-Grimm-Professur
2005	Preis der Frankfurter Anthologie

Literatur:

Primärtext:

Ludwig Harig: Weh dem, der aus der Reihe tanzt. Kommentierte Ausgabe mit Dokumenten und Fotografien herausgegeben von Werner Jung. München 2017.

Sekundärliteratur:

Goldschmidt, Georges-Arthur: Beschreibung der Umzäunung. Zur biederen Unmenschlichkeit verführt, in: Sprache fürs Leben, Wörter gegen den Tod. Ein Buch über Ludwig Harig. Hrsg. Von Benno Rech. Blieskastel 1997, S. 101-106.

Jeßing, Benedikt und Ralph Köhnen: Einführung in die Neuere deutsche Literaturwissenschaft. Stuttgart 2012³

Jung, Werner: Erinnerung, Ordnung, Spiel, in: Sprache fürs Leben, Wörter gegen den Tod. Ein Buch über Ludwig Harig. Hrsg. Von Benno Rech. Blieskastel 1997, S. 164-181.

Keim, Wolfgang: Erziehung unter der Nazidiktatur. Antidemokratische Potentiale, Machtantritt und Machtdurchsetzung. Darmstadt 1995, S. 123.

Keim, Wolfgang: Erziehung unter der Nazidiktatur. Kriegsvorbereitung und Holocaust. Darmstadt 1997

Ralph Köhnen: Placet experiri. Zur Poetologie Ludwig Harigs, S. 21, in: TEXT + KRITIK. Heft 135. Ludwig Harig. München 1997, S. 17-25.

Herrmann Lenz: Ludwig Harigs Gewissenprüfung. Über seinen Roman „Weh dem, der aus der Reihe tanzt", in: TEXT + KRITIK. Heft 135. Ludwig Harig. München 1997, S. 47-50.

Karl Prümm: Der Ohrenzeuge. Filmerinnerungen in den autobiographischen Romanen, S.86-97, in: Sprache fürs Leben, Wörter gegen den Tod. Ein Buch über Ludwig Harig. Hrsg. Von Benno Rech. Blieskastel 1997.

Benno Resch: „Nichts ist wahr als das Selbstempfundene". Ludwig Harigs autobiographisches Erzählen, in: TEXT + KRITIK. Heft 135. Ludwig Harig. München 1997, S. 51-59.

Gerhard Schmidt-Henkel: Ein Souverän der Dichtungsgattungen untertan dem Märchen, in: Sprache fürs Leben, Wörter gegen den Tod. Ein Buch über Ludwig Harig. Hrsg. Von Benno Rech. Blieskastel 1997, S. 213-224.

Artur Wilhelm: Selbach. Die Geschichte des Dorfes im Quellgebiet der Nahe und Blies. Dillingen 2002

Quellen und Bilder

HJ Verlegen von Telefonkabeln [xii]

Berlin, Olympiastadion, HJ-Kundgebung [xiii]

Gesetz zum Schutze des deutschen Blutes und der deutschen Ehre.
Vom 15. September 1935.

Durchdrungen von der Erkenntnis, daß die Reinheit des deutschen Blutes die Voraussetzung für den Fortbestand des Deutschen Volkes ist, und beseelt von dem unbeugsamen Willen, die Deutsche Nation für alle Zukunft zu sichern, hat der Reichstag einstimmig das folgende Gesetz beschlossen, das hiermit verkündet wird:

§ 1

(1) Eheschließungen zwischen Juden und Staatsangehörigen deutschen oder artverwandten Blutes sind verboten. Trotzdem geschlossene Ehen sind nichtig, auch wenn sie zur Umgehung dieses Gesetzes im Ausland geschlossen sind.

(2) Die Nichtigkeitsklage kann nur der Staatsanwalt erheben. [1147]

§ 2

Außerehelicher Verkehr zwischen Juden und Staatsangehörigen deutschen oder artverwandten Blutes ist verboten.

§ 3

Juden dürfen weibliche Staatsangehörige deutschen oder artverwandten Blutes unter 45 Jahren in ihrem Haushalt nicht beschäftigen.

§ 4

(1) Juden ist das Hissen der Reichs- und Nationalflagge und das Zeigen der Reichsfarben verboten.

(2) Dagegen ist ihnen das Zeigen der jüdischen Farben gestattet. Die Ausübung dieser Befugnis steht unter staatlichem Schutz.

§ 5

(1) Wer dem Verbot des § 1 zuwiderhandelt, wird mit Zuchthaus bestraft.

(2) Der Mann, der dem Verbot des § 2 zuwiderhandelt, wird mit Gefängnis oder mit Zuchthaus bestraft.

(3) Wer den Bestimmungen der §§ 3 oder 4 zuwiderhandelt, wird mit Gefängnis bis zu einem Jahr und mit Geldstrafe oder mit einer dieser Strafen bestraft.

§ 6

Der Reichsminister des Innern erläßt im Einvernehmen mit dem Stellvertreter des Führers und dem Reichsminister der Justiz die zur Durchführung und Ergänzung des Gesetzes erforderlichen Rechts- und Verwaltungsvorschriften.

§ 7

Das Gesetz tritt am Tage nach der Verkündung, § 3 jedoch erst am 1. Januar 1936 in Kraft.

Nürnberg, den 15. September 1935,
                am Reichsparteitag der Freiheit.

Der Führer und Reichskanzler
Adolf Hitler

Der Reichsminister des Innern
Frick

Der Reichsminister der Justiz
Dr . *Gürtner*

Der Stellvertreter des Führers
R. Heß
Reichsminister ohne Geschäftsbereich

Quelle: Deutsches Reichsgesetzblatt Band 1935 Teil I, Nr. 100, Seite 1146– 1147 [xiv]

i   https://commons.wikimedia.org/wiki/Category:Hitlerjugend?
     uselang=de#/media/File:W_Kleinfeldt_-
     _BDM_und_Pimpfe_auf_dem_Marktplatz_1.5.1937_(TJiG15).jpg
ii   https://de.wikipedia.org/wiki/Saargebiet#/media/
     Datei:Stimmzettel_zur_Saarabstimmung_1935.jpg
iii https://de.wikipedia.org/wiki/%C3%9Cberfall_auf_Polen#/media/
     Datei:Bundesarchiv_Bild_141-0763,_Warschau,_Br%C3%A4nde.jpg
iv   https://de.wikipedia.org/wiki/Hitlerjugend#/media/
     Datei:Bundesarchiv_Bild_133-045,_Hitlerjugend,_Zeltlager.jpg
v   https://commons.wikimedia.org/wiki/File:Bundesarchiv_Bild_133-
     033,_Hitlerjugend,_Gel%C3%A4ndesport%C3%BCbungen.jpg?
     uselang=de
vi   https://de.wikipedia.org/wiki/Der_abenteuerliche_Simplicissimus#/
     media/Datei:Grimmelshausen_1669.jpg
vii https://de.wikipedia.org/wiki/Polnischer_Korridor#/media/
     Datei:Danzig_1939.png
viii https://commons.wikimedia.org/wiki/File:Bundesarchiv_Bild_183-
     E0406-0022-010,_Kolonne_deutscher_Kriegsgefangener.jpg
ix   https://de.wikipedia.org/wiki/Saargebiet#/media/
     Datei:SaarDGrenzsteine.jpg
x   https://commons.wikimedia.org/wiki/File:Bundesarchiv_Bild_133-
     375,_Worms,_Altmetallsammlung_der_Hitlerjugend.jpg,
xi   https://de.wikipedia.org/wiki/Erziehung_im_Nationalsozialismus#/
     media/Datei:KSTBB_1942.jpg
xii https://commons.wikimedia.org/wiki/File:Bundesarchiv_Bild_133-
     032,_Hitlerjugend,_Verlehttps://commons.wikimedia.org/wiki/
     File:Bundesarchiv_Bild_146-1975-069-
     35,_Kriegsdienstpflicht,_BdM_bei_Nachbarschaftshilfe.jpg?
     uselang=degen_von_Feldtelefonkabeln.jpg?uselang=de
xiii https://commons.wikimedia.org/wiki/File:Bundesarchiv_Bild_102-
     17818,_Berlin,_Olympiastadion,_HJ-Kundgebung.jpg?uselang=de
xiv https://de.wikisource.org/wiki/
     Gesetz_zum_Schutze_des_deutschen_Blutes_und_der_deutschen_Ehre